Tradition et modernité

Jean Borella

Tradition et modernité

La malédiction du progrès

Collection Théôria

© L'Harmattan, 2023
5-7, rue de l'École-Polytechnique ; 75005 Paris
http://www.editions-harmattan.fr
ISBN : 978-2-336-41980-0
EAN : 9782336419800

REMERCIEMENTS

L'auteur et l'éditeur expriment leur très vive gratitude
à mesdames Marie-Paule Vilettes,
qui a effectué la saisie informatique du texte manuscrit,
et Sylviane Leschenne, qui en a assuré la révision.

1ère PARTIE
LA TRADITION MISE EN QUESTION

PRÉCISION LIMINAIRE

Dans ce plaidoyer en faveur de la Tradition, nous en envisageons la notion exclusivement dans son principe – ou son essence – et non dans quelques-unes de ses applications – parfois religieuses –, où elle sert à justifier des pratiques d'asservissement d'êtres humains, hommes ou femmes, adultes ou enfants, et à les maintenir indéfiniment dans un état d'infériorité sociale et culturelle. Ces pratiques, qui révoltent la simple raison, ne sauraient valoir condamnation *quant à la tradition dans son essence*.

o

CHAPITRE I

Les causalités négatives

Notre thèse est que la société contemporaine, dans ce qu'elle a de spécifique, résulte principalement, non de causes positives, mais de l'impossibilité où elle se trouve de fonctionner normalement. Ce genre de causes, qu'on pourrait qualifier de négatives, passe souvent inaperçu. Pour rendre compte de l'état d'une société, on est enclin le plus souvent à en rechercher les causes positives capables de le produire : événements historiques, inventions techniques, catastrophes naturelles, en oubliant que peut-être cet état est dû non à la présence, mais à l'absence d'un ou plusieurs facteurs qui en eussent assuré la stabilité ; il en va comme d'un musicien contraint de jouer une œuvre sur un piano auquel il manque quelques touches. Ce n'est pas le thème musical qui a changé, ni le pianiste qui se trompe, mais l'instrument, le moyen d'exécution qui fait partiellement défaut. L'œuvre – la partition musicale – correspond à ce qu'Aristote appelle la cause formelle et, à un autre point de vue, à la cause finale, le pianiste correspond à la cause efficiente. Toutes trois exercent une causalité positive. Le piano, lui, correspond à la cause dite « matérielle », parce que, dans tous les processus de causalité, elle joue le rôle que joue le matériau pour un artisan. Pour faire une table, il faut une idée, un modèle, une forme – cause formelle ; un usage de l'objet en vue duquel il est fabriqué – cause finale ; un menuisier – cause efficiente ; enfin il faut un matériau qui se prête par sa structure et ses qualités à cette fabrication. Le « matériau », c'est-à-dire les conditions de réalisation, impose ses déterminations à la puissance causale, il ne les lui *oppose pas*.

Si la cause matérielle ou conditionnante fait entièrement défaut, la forme ou l'idée ou le thème ne se réalise pas, elle reste non manifeste, à l'état de possible, ou n'existe que dans la tête de l'artisan, à moins qu'il ne s'agisse de Dieu, qui crée le monde sans matériau ou sans condition de réalisation, « *ex nihilo* », « à partir de rien » : Dieu est cause créatrice inconditionnée.

Si la cause conditionnante fait partiellement défaut, que se passe-t-il ? Il faut ici distinguer entre les diverses sortes de processus. Dans les processus techniques ou artisanaux, le « matériel » de réalisation peut être changé – le menuisier jette la planche à nœuds ou répare ses outils. Dans les processus naturels, c'est impossible. Le « projet » qu'a la nature de réaliser tel être vivant doit s'accommoder du « matériel » de réalisation qu'elle trouve, ou ne pas se réaliser, et c'est la mort. Ces phénomènes sont en effet régis par les principes de l'urgence immédiate et du tout ou rien : ils ne souffrent aucun délai, aucun moratoire. Ou la fonction vitale trouve instantanément à se réaliser et l'être vit, ou elle ne trouve pas et elle s'anéantit aussitôt. Je peux attendre, pour voyager, que ma voiture soit réparée ; je ne peux attendre, pour vivre, que mon cœur se remette à battre ou mes poumons à respirer. C'est que le « vouloir » de la nature, le thème biologique à réaliser, est toujours parfait, complet, achevé, en équilibre, fût-ce dans les divers stades de son développement embryologique : l'ébauche d'un organe n'est pas un essai, un tâtonnement, c'est une réussite et une nécessité. Ces lois caractérisent en somme tous les êtres dont la forme est inséparable de la « matière ».

L'analyse précédente exigerait assurément d'être nuancée. Il existe des phénomènes de « réparations organiques », la cicatrisation d'une plaie en est un, fort banal, on en rencontre de beaucoup plus spectaculaires impliquant des restructurations anatomiques spécialisées et même la « fabrication » de molécules nouvelles – par exemple la reconstitution d'un centre optique dans la moitié saine d'une rétine atteinte d'hémianopsie. On pourrait même soutenir, à certains égards, que l'œuvre essentielle de la forme vivante consiste à réparer en permanence le « matériel » qui lui permet de se réaliser. Néanmoins, elle ne le crée pas, au sens propre du terme, sinon aucun vivant ne connaîtrait la mort en abandonnant un cadavre, c'est-à-dire un « matériel » devenu inutilisable. Le cadavre prouve que, si forte que soit la puissance d'animation de la forme vivante, quelque chose cependant lui échappe dans la passivité du « matériel », une limite que l'âme, omnipénétrante, n'atteint pas. L'âme est la forme du corps, mais elle ne l'actue pas entièrement, et c'est pourquoi nous mourons. Cette faiblesse ultime de l'âme, comme puissance actuante du corps, est le fruit du péché originel. Au contraire, le corps glorieux sera entièrement intégré à l'acte de l'âme.

Cela dit, on comprend mieux ce que nous appelons causalité négative. L'apparition des anomalies ou des monstruosités est due, non à l'intervention directe d'une cause positive déviante ou tératogène, à la « volonté » de la nature de sortir de l'ordre, mais à l'apparition de lacunes dans le conditionnement par lequel elle doit nécessairement se réaliser. Sans doute l'apparition de ces lacunes a-t-elle elle-même une cause, mais elle est étrangère au vouloir de la forme vivante, laquelle ne veut qu'elle-même. Ce qui frappe, dans l'observation des monstres, ce n'est pas leur état d'ébauches, mais au contraire leur accomplissement, et comme une affreuse perfection.

Qu'en est-il maintenant si nous nous tournons vers les réalités politiques et sociales ?

Comme tout ce qui est d'ordre humain, la société politique – ainsi que les sociétés domestiques et religieuses – relève à la fois de la nature et de la culture. De la nature, en ce sens que, à l'instar des réalités biologiques, les faits sociaux et politiques répondent à des normes, à des exigences *a priori*, à des formes transhistoriques, à des possibles permanents que les diverses sociétés réalisent plus ou moins fidèlement. C'est pourquoi l'histoire politique donne une telle impression de « déjà vu » et offre des situations si étonnamment familières. De la culture, d'autre part, en ce sens que, à l'instar des processus de production technique et artisanale, ces formes ou ces normes se présentent à nous comme des idéaux, des plans, des patrons, des programmes et donc des projets plus ou moins librement conçus et distincts de leur réalisation. Le politique, le législateur est une sorte de menuisier de la société qui assemble les individus et les groupes suivant le modèle projeté à la façon dont l'artisan assemble les éléments de la table selon le plan dessiné. C'est pourquoi il n'y a pas de domaine où la volonté de l'homme semble capable de se donner plus puissamment carrière. L'utopie est politique par essence.

À certains égards, cette apparence correspond au vrai. Mais cette part de vérité n'en est que plus trompeuse. Le processus de production artisanale se distingue bien du processus de production naturelle en ce que la table projetée et la table réalisée sont réellement distinctes selon le temps, alors que la forme du corps et le corps se formant, à ce que nous pouvons en constater, ne font qu'un. D'où l'impression de liberté, d'indépendance, que donnent les processus techniques. Mais, en réalité, ces processus n'en obéissent que plus étroitement aux règles qui les norment : la forme de l'objet technique est positivement déterminée par son usage et, passivement, par les conditions qu'impose la nature de son matériau, matériau d'ailleurs qui est lui-même dans la dépendance de la cause finale : une table est en bois, en pierre, en métal ; elle ne peut être en eau ou en coton. On ne commande à la nature qu'en lui obéissant.

L'impression de liberté et de puissance qu'éprouvent les réformateurs sociaux, les « législateurs en chambre » et les utopistes résulte du fait qu'ici la régulation exercée par la cause finale est indiscernable de celle qu'exerce la cause « matérielle » ou conditionnante et donc que celle-ci masque et offusque celle-là.

La société en effet est faite pour l'homme (cause finale) et elle est faite avec des hommes (cause « matérielle »). L'homme est à la fois la forme, la fin, l'agent et le matériau des processus sociaux. Il ne s'ensuit pas pour autant que les quatre causes puissent alors être confondues, car ce n'est pas sous le même rapport que le même être est quadruplement cause. Mais toute la difficulté consiste à savoir les distinguer et à les dégager de la forte prégnance de la cause matérielle.

Qu'est-ce donc qui, de l'homme, est cause conditionnante ? La réponse est simple et évidente : ce sont ses besoins vitaux, qui, comme le dit Platon, sont au nombre de trois : tout homme, pour vivre, doit se nourrir, s'abriter et se vêtir. Les hommes ne peuvent constituer les membres d'une société qu'à la condition que ses besoins soient satisfaits : condition minimale *sine qua non*.

CHAPITRE II

La tradition dans son principe

La notion de tradition, dans son sens le plus général, c'est l'idée d'une identité maintenue à travers une altérité. Comme on sait, le mot vient du latin *tradere*, contraction de *trans* (à travers) et de *dare* (donner), c'est-à-dire : transmettre, livrer. Cependant, toute donation n'est pas nécessairement tradition. Ainsi, quand nous donnons à manger à qui est affamé, ce que l'on donne, assimilé par le récipiendaire, perd son identité, s'intègre à la substance corporelle et disparaît comme tel.

Pour qu'il y ait tradition, il faut donc que ce qui est donné soit gardé fidèlement, tel qu'on l'a reçu, sans altération essentielle (des altérations accidentelles sont inévitables ou même parfois souhaitables). Mais, là non plus, la maintenance ne suffit pas par elle-même à constituer la tradition. Ainsi, l'avarice qui accumule les possessions et veille jalousement sur elle, participe bien d'un certain esprit de tradition, mais à la manière dont la caricature participe de son modèle, en le dénaturant par inversion. Elle ne dissipe pas, comme la prodigalité, mais elle neutralise, tue plus sûrement encore : en dispersant indûment le dépôt, la prodigalité en communique cependant la vertu – bien qu'affaiblie – à un grand nombre, tandis que l'avarice l'arrête à soi sans l'excuse d'une jouissance espérée. En réalité le dépôt n'est reçu et maintenu que pour être donné et transmis. Nous dirons donc qu'il y a tradition chaque fois qu'il y a réception d'un dépôt à transmettre. Réception, maintenance, transmission, se conditionnent réciproquement. On ne peut transmettre que ce qu'on a reçu, d'une part, et que ce que l'on a maintenu identique, d'autre part. Ce que l'on a reçu : en effet, on ne peut donner ce que l'on n'a pas, c'est-à-dire : ou bien ce dont on est privé, ou bien ce qui ne fait qu'un avec nous-mêmes – je ne puis donner ma tête ou mon intelligence, ou ma sensibilité –, la tradition est donc relative à quelque chose de distinct du récipiendaire, comme du donateur. Ce que l'on a maintenu identique : en effet, si le dépôt est altéré ou transformé, on ne transmet pas ce que l'on a reçu, mais autre chose – et même, à la limite, ce qui est purement subjectif étant incommunicable, un dépôt subjectivement transformé devient proprement intransmissible ; ne se transmet que ce qui, en soi, échappe aux sujets individuels et les transcende.

Cette dernière remarque exige d'être approfondie. En effet, elle ne concerne plus une description formelle de la tradition, comme précédemment, mais vise la nature même du dépôt, c'est-à-dire son contenu. Nous pourrions formuler notre question de la manière suivante : quel doit être le dépôt pour qu'il puisse faire l'objet d'une « maintenance-transmission » ? *A priori*, tout ce qui est reçu-maintenu-transmis relève de la tradition ou constitue une tradition. Cependant tout n'est pas réceptible-maintenable-transmissible. Au reste, réception et transmission ne sont que les deux faces d'un même acte : ce qui, d'un côté, est reçu, de l'autre est transmis. En conséquence, ce qui vaut pour l'une vaut pour l'autre. Et la question se ramène à la suivante : quel doit être le dépôt pour être réceptible – ou transmissible – et maintenable ?

La question de la réceptibilité, radicalement envisagée, nous conduit très loin. Je ne peux recevoir que ce qui ne vient pas de moi, et donc ce qui vient d'un autre, assurément. Mais il y a plusieurs manières de « venir d'un autre », et si cette condition est nécessaire pour qu'il y ait tradition, elle n'est pas suffisante. Par exemple, ce qui vient d'autrui peut-être une pure et simple expression de sa subjectivité, revêtant éventuellement la forme d'une invention ou d'une création. En ce cas, la transmission est impossible, puisque ce qui est proprement subjectif, nous l'avons dit, est incommunicable. Pourtant, de telles productions peuvent effectivement donner lieu à des « traditions », mais traditions apparentes, pseudo-, voire contre-traditions : en réalité, il s'agit de véritables cas de « possessions psychiques », certaines individualités puissantes engendrant ainsi par fascination mimétique d'innombrables copies humaines plus ou moins conformes. En revanche, toute invention, création ou innovation n'est pas forcément l'expression d'une subjectivité. Quand elle est le fruit d'une intuition ou même d'une révélation *reçue*, elle véhicule des éléments objectifs d'origine non humaine, qui donc sont évidemment communicables et peuvent alors faire l'objet d'une véritable tradition. Un grand prophète, un grand spirituel, un grand artiste, un grand philosophe, un grand homme politique, peuvent être la source, apparemment humaine, d'une authentique tradition, alors qu'ils ne sont que les médiateurs d'une forme transcendante qui descend en eux et s'y manifeste – Platon, Aristote, Alexandre le Grand, Jules César, S. Jean, S. Paul, S. Augustin, S. Benoît, les inventeurs anonymes des styles roman et gothique, Charlemagne, S. François d'Assise, S. Louis, S. Thomas d'Aquin, Roublev, Bach, parmi d'autres.

Concluons que la vraie tradition est toujours *reçue*, caractère qui lui est intrinsèque et n'est point relatif au fait d'être éventuellement communiquée par un autre homme. Autrement dit, il n'y a de tradition que d'origine non humaine.

Nous allons voir que la « maintenabilité » nous conduit à une conclusion analogue. La condition essentielle, en effet, pour que le dépôt soit maintenu identique à lui-même, est qu'il possède précisément une identité, c'est-à-dire une nature et une unité. Posséder une nature, c'est être quelque chose de déterminé, le contraire de « n'importe quoi ». En général, la nature d'un être ou d'une réalité quelconque peut se décrire comme un ensemble de caractères bien définis – ainsi la nature humaine se définit par les caractères de l'animalité spécifiée par ceux de la rationalité. Il ne peut donc y avoir de « tradition révolutionnaire » par exemple, ou de tradition « de créativité » : ce sont là, en réalité, des contre-traditions dont le modèle est le péché originel. Mais il faut en outre que ces éléments constitutifs d'une nature forment un ensemble, un tout unifié : qu'ils soient en harmonie les uns avec les autres, et non point comme des pièces rapportées extérieures ou étrangères l'une à l'autre. Or, les seules réalités qui vérifient ce critère, ce sont les réalités naturelles,

« non faites de main d'homme », non composées artificiellement de parties hétérogènes, donc des réalités dans lesquelles le tout préexiste en quelque sorte aux éléments constituants. Qu'on ne croie pas que par là, nous écartions les techniques, pourtant si évidemment traditionnelles. Bien au contraire, outils et machines, pour fabriquée que soit leur réalisation matérielle, n'en correspondent pas moins à des « possibles », et donc à des archétypes permanents, qui sont plutôt découverts par tâtonnement ou par inspiration – voire par révélation – que véritablement inventés. Nous écartons seulement les réalités d'une nature relativement définie – au moins en apparence –, mais composées d'éléments disparates et parfois contradictoires : ainsi l'idéologie démocratique, le modèle politique républicain, ou certains styles artistiques composites. Nous sommes donc renvoyés à l'idée d'une essence immuable, supra-humaine, raison première et constitutive de l'identité du dépôt traditionnel.

Sans doute ces considérations sembleront-elles bien métaphysiques et abstraites ou même schématiques. Elles ne devraient cependant pas nous faire oublier que notre vie la plus quotidienne et la plus concrète est tissée de mille traditions authentiques, sans lesquelles elle serait tout simplement impossible, mais grâce auxquelles, en même temps, notre existence éphémère se trouve rattachée à des réalités éternelles[1].

---

[1] Toute tradition véritable porte en elle la force de la transmission. Elle contient par nature une clause tacite, comme une vertu de reconduction, et ne s'épuise jamais dans son actualisation momentanée.

CHAPITRE III

La tradition ... ou la mort

On connaît le mot de Talleyrand : « Appuyons-nous toujours sur les principes, ils finiront bien par céder ». Le monde moderne est né de la même certitude : « combattons toujours les principes, sinon ils finiront par nous écraser ». Principes religieux, principes monarchiques, principes de morale sociale : les indignations, les révoltes, les révolutions des deux derniers siècles n'ont cessé de s'y attaquer, combattant les dogmes, les institutions et les hommes qui les représentaient, au nom de la sauvegarde de l'humanité. Les principes, voilà l'ennemi ! Du moins les mortels principes de l'ancien Régime, dont l'observance fait le malheur du genre humain. Et de fait, il n'est pas une seule catastrophe de l'histoire dont on ne puisse rendre responsable quelque principe. Dès lors, *sublata causa, tollitur effectus* : supprimée la cause, l'effet disparaît. Supprimons la religion, plus de guerre de religions ; supprimons la royauté : plus d'abus de pouvoir ; légalisons l'interruption volontaire de grossesse : plus d'avortement clandestin ; autorisons la drogue, distribuons-la gratuitement, plus de revendeur aux prix exorbitants ; abolissons l'autorité parentale : plus d'enfants martyrs ou simplement victimes d'une « mauvaise éducation », etc. Rien n'offusque tant que le mal qu'on voit ; rien n'est plus pressant que d'en effacer les causes ; rien n'est plus aisé que de les dénoncer : il suffit pour cela de remarquer au nom de quoi le mal est fait, de quel principe et de quelle prétendue exigence il se justifie. C'est toujours ainsi que se produisent les révolutions, politiques, sociales, religieuses, morales, pédagogiques, dont le trait le plus répandu est une inébranlable assurance quant à la désignation de l'adversaire. Et qu'on ne croie pas que le cynisme du grand seigneur sceptique et corrompu soit moins dangereux que l'enthousiasme destructeur des réformateurs vertueux. Le premier n'est que la version froide du second.

La haine de la tradition est le plus souvent à la fois sotte et aveugle. Elle oublie en effet qu'il y a une logique des choses, une logique d'autant plus implacable qu'elle ne se révèle qu'à la « faveur » de son oubli. Logique implicite que sa transgression transforme en logique explicite des concepts. La critique s'en empare aisément et déploie son argumentation, tant il est plus facile d'être mathématicien que législateur. Un révolutionnaire devrait comprendre pourtant sans trop de peine que ce qui dure depuis longtemps, sinon depuis toujours, est bon *par là même*. En matière de vérité, concernant les principes de la société politique – comme de la société domestique ou religieuse –, le seul critère est celui de la durée : les sociétés les plus solides, donc bâties sur les principes les plus exacts, ce sont les plus vieilles. Posons-nous cette simple question : notre civilisation, telle qu'elle est, peut-elle durer trois mille ans, deux mille ans, mille ans ? Mille ans de croissance économique, industrielle, technologique, démographique, pornographique ? Chacun sait que la réponse est : non. Le critère de la durée, critère simplissime, est le plus incontestable de tous : c'est le critère de la vie.

Il est donc possible que le révolutionnaire n'aperçoive pas la logique des choses, ce que Pascal appelait « la raison des effets » ; mais il devrait au moins savoir, *a priori*, que si des sociétés ont pu vivre si longtemps en observant de tels principes, c'est qu'ils sont proportionnés aux exigences de la nature humaine et qu'ils lui permettent de tenir debout. Et, répétons-le, la seule preuve d'une telle efficacité n'est administrée que par la longue durée. Le respect de la tradition pour elle-même peut bien apparaître comme une superstition aveugle ; il est pourtant porteur d'un savoir auquel n'accéderont jamais les réformateurs orgueilleux : en l'absence de lumières qui nous font défaut – car la complexité du réel est proprement indéfinie – vaut ce qui a fait ses preuves. Avis également aux révolutionnaires ecclésiastiques : la liturgie latine, pendant plus de mille ans, a fait l'Église catholique ; la liturgie postconciliaire, en vingt ans l'a vidée de ses fidèles.

Mais voilà, cet instinct de la Tradition, qui est l'instinct de la vie, deux siècles d'esprit critique ont réussi à l'anéantir. Il suffit, pour nous rendre aveugles à l'évidence de la durée, de nous persuader que les Anciens, depuis les origines jusqu'à nos grands-pères et nos pères, furent de francs imbéciles, au moins des simplets, tandis que nous, maintenant, devenons très intelligents, éclairés que nous sommes par les progrès de la science et de la raison. Il n'y a pas un seul de nos contemporains, à de rarissimes exceptions près, qui ne s'estime plus naturellement perspicace ou moins naïf que la collectivité des hommes qui l'on précédé. Pour être intelligent, l'homme d'aujourd'hui « ne s'est donné que la peine de naître »… au XXème siècle. Ce qui valait pour les foules obscures du Moyen Âge ou de l'Ancien Régime n'est donc plus valable pour les aigles et les phénix d'aujourd'hui, pour ces magnifiques produits de la démocratie laïque et de la science athée qui se prosternent par millions devant Michael Jackson ou les gigotements mécaniques d'une « idole » milliardaire et droguée.

❦

Les textes ici rassemblés se proposent de mettre en lumière cette logique des choses dont les principes de la tradition ne sont que l'expression. C'est leur thème le plus constant. Ils voudraient éveiller chez le *benevolens lector* la conscience vive que toute pratique, même la plus anodine ou la plus souhaitable est porteuse d'une thèse philosophique, exprime un principe métaphysique, met en jeu un système doctrinal, qui s'accorde ou ne s'accorde pas à la nature des hommes et aux conditions de leur existence. Et qui, en outre, développe immanquablement les conséquences qu'il implique : car, quand le vin est tiré, il faut le boire. Les bonnes intentions, ici, sont les plus redoutables. Jamais, pensons-nous, l'humanité ne s'est engagée plus allègrement sur des chemins nouveaux avec plus d'insouciance et dans une plus grande ignorance des conséquences proches ou lointaines de ses actes.

Un exemple suffira. Lorsque M. Poniatowski, porte-parole de la société libérale, vantait publiquement les mérites de l'avortement légal, il fondait son discours sur le principe de la liberté : « légaliser l'avortement, disait-il, c'est libérer la femme ». Mais s'est-il, et s'est-on demandé, quelle était la conception de la liberté qu'impliquait un pareil principe ? Nullement. Elle est pourtant claire : c'est celle de la liberté-néant, la liberté-désert, la liberté par suppression des contraintes : l'être le plus libre est celui sur lequel pèse le moins de déterminations naturelles ou culturelles ou morales. Or, cette conception, qui est celle de la société actuelle, est radicalement contradictoire. La liberté n'est pas de pouvoir faire ce que l'on veut, c'est de pouvoir faire ce que l'on doit. Les déterminations et les contraintes pèsent bien sur notre action, mais elles délimitent son champ et lui donnent son sens. Être libre, c'est avoir du mouvement pour marcher vers un but. Assurément, les routes imposent leur trajectoire à mes déplacements et les villes et les villages s'imposent à mes fins. Assurément, dans une plaine déserte et vide, rien n'entrave la liberté de ma démarche, mais il ne s'y trouve non plus aucun but à désirer, aucun lieu où diriger mes pas, aucun foyer à atteindre, aucun trésor à découvrir, aucun amour à chérir. La vérité de la liberté « libérale » c'est la désertification du pays de l'existence humaine.

Mais la vérité finit toujours par triompher. En légalisant l'infanticide, en tuant les enfants dans le sein de leurs mères, on assassine aussi ces poids d'amour et de vie que l'âme humaine porte avec elle, qui pèsent en son cœur, la tirent en avant et donnent un sens à sa destinée.

En vérité, notre civilisation sociale libérale est vouée à la mort, parce que ce qu'elle veut réellement, c'est la mort, c'est-à-dire la suppression des formes « gênantes » de l'existence, et qu'on obtient toujours ce que l'on cherche. Incapable de porter le poids de la dignité humaine, elle trahit une immense fatigue de vivre, une sorte d'intime démission. Épuisée de richesses, elle consacre ses dernières forces à effacer de son visage les ultimes attestations de sa royauté.

Le mystère ou le secret de notre destinée, c'est que l'homme a été créé à l'image de Dieu, et que noblesse oblige.

CHAPITRE IV

La tradition nous verticalise

L'illusion la plus répandue concernant la tradition, c'est l'idée que la tradition tient toute seule. Ou même, la tradition, c'est ce qui tient, ce qui dure par soi-même. Illusion spécifique, parce que, de fait, la tradition *se présente* ainsi et qu'on identifie le traditionnel à ce qui paraît se répéter à travers la succession et le changement. À cet égard, le péché originel aussi est traditionnel.

La conclusion qu'en tirent les modernistes, c'est que, lorsqu'une tradition disparaît, elle prouve, par là même, qu'elle n'est plus une tradition, donc qu'elle méritait de disparaître. Si elle était vivante, elle subsisterait. Et donc on a raison de l'abandonner et d'obliger le peu de nostalgiques à l'abandonner. C'est en particulier l'opinion de la quasi-totalité du clergé catholique.

Or cette conception est spéculativement insoutenable. Elle est purement factuelle et donc contradictoire : on ne peut dire que ce qui est mort *méritait* de mourir – puisqu'il est mort –, car, alors, la notion même de mérite n'a plus de sens. Il n'y a de mérite, ou encore de valeur, que par tension entre une existence et une essence, et sur la base de leur distinction. Par définition la valeur est relativement indépendante des formes qui la réalisent. Un peuple de lâches n'abolit point la valeur du courage. Sinon, il faut admettre que la destruction de telle œuvre d'art est justifiée par le fait même.

La nécessité d'une tradition ne peut donc résulter que de la valeur ou qualité intrinsèque de son contenu et de son utilité. Pour rejeter la tradition liturgique, il faut donc nier la qualité intrinsèque des formes symboliques traditionnelles, d'une part, et, d'autre part, leur utilité, c'est-à-dire, en fin de compte, la nécessité du sacré.

Mais, en ce qui concerne la Tradition elle-même, la conclusion qui en résulte c'est que la tradition ne se maintient que par l'effort des hommes, et non toute seule, « par sa propre force ». « C'est nous qui gardons la règle, et non la règle qui nous garde »[2] ; ou plutôt : la règle ne nous garde que si nous la gardons. Allons plus loin, et faisons de ce principe le critère de la *vraie* tradition. Il n'y a de vraie tradition que celle dont le maintien requiert, à chaque génération, un recommencement « absolu », c'est-à-dire un dépassement de soi. Toute tradition vraie a, en elle, quelque chose de surhumain, ou de sur-naturel, de sorte que l'homme ne trouve en lui aucun *appui* naturel pour son maintien, et doit se dresser lui-même pour la porter et la faire vivre. Mais c'est aussi la seule façon pour l'homme de se tenir debout. Le maintien de la vraie tradition est « néguentropique[3] » : la tradition, c'est l'activité de la différence, la condition *sine qua non* de la vie. Son poids nous verticalise.

---

[2] C'est Bernanos qui utilise cette formule dans *Le dialogue des Carmélites* : elle est adressée par la mère supérieure à une jeune novice qui croit avoir trouvé au couvent un remède à ses peurs.

[3] « Néguentropie », terme utilisé en science pour désigner le contraire de l'entropie. L'entropie désigne la perte d'information à l'intérieur d'un système donné, selon le second principe de la thermodynamique : la différence de température nécessaire à la production d'un travail va en s'atténuant, si bien que le système va vers un état d'équilibre où l'on ne peut plus rien produire – état analogue à la mort. Au contraire, la néguentropie est la résistance à l'entropie, c'est-à-dire la création d'information, ce qui caractérise par excellence la vie.

CHAPITRE V

Note sur tradition et répétition

La tradition se résume en deux points :
    1. garder et maintenir ;
    2. transmettre.

Le 1 exige le 2. Si en effet je ne transmets pas ce que je garde, je le perds, c'est-à-dire qu'il se perd à ma mort. Il disparaît avec moi, et donc : à quoi bon l'avoir gardé ?

Il n'y a de tradition que d'un dépôt inchangé, c'est-à-dire de quelque chose qui est plus que moi, qui me précède et qui me suivra.

Je pressens que le cœur de la tradition réside dans cette relation de l'homme au *traditum*, du moi à ce non-moi dont il a la charge, dont il est le gardien et qui cependant lui échappe.

Traditum = le trésor intouché, comme une richesse que l'on n'utiliserait jamais, et qui, pour cela même, nous enrichirait – *Le laboureur et ses enfants*, telle est la fable centrale sur la Tradition.

La tradition nous renvoie à une anthropologie : l'homme ne se réalise qu'en se donnant à ce qui le dépasse. Elle nous accroît de ce dont nous nous diminuons, ce qui se substantifie en nous. La transmission transforme en être ce qui, en nous, n'était qu'avoir. Nous sommes portés, soutenus, par ce que nous portons et soutenons. La Croix du Christ porte le Christ qui l'a portée.

La tradition vivante n'est pas répétition mécanique parce que sa maintenance exige toujours un effort, donc une invention. Elle ne se maintient pas toute seule. *C'est nous qui gardons la règle.* Par là même, la tradition est vie. Cette vérité anéantit le progressisme. Vivre, c'est maintenir la tradition. Nous n'avons pas à inventer la vie, chose impossible : comme un musicien qui devrait inventer les sons et leur composition. C'est pourtant ce que veut faire le progressisme, qui prétend inventer non seulement l'art, mais aussi la matière ; non seulement la *chaîne*, mais aussi la *trame*. L'acte de la tradition – la tradition comme acte – consiste précisément à relier par la chaîne les éléments de la trame (= le *traditum*) à la manière de Pénélope attendant le retour d'Ulysse[4]. La volonté permanente d'invention *ex nihilo* n'a aucun sens, tâche impossible et donc destructrice. Nous avons besoin d'un *donné* – le *traditum*. Ruyer dirait, d'une matrice, d'un bâti, que nous complétons par la vie même.

La tradition est ainsi le contraire de la répétition, de l'éternel retour (Nietzsche) qui en est la caricature – et de la « compulsion de répétition » (Freud) qui en est la perversion névrotique –, on pourrait songer également à Pierre Janet et à la « conduite de récit » : la tradition comme récit – *traditur* « on rapporte que ». La tradition est toujours un récit, une « histoire ». La seule façon de « répéter » la réception du *traditum*, c'est de la transmettre. Transmission *versus* réception, ou, plutôt, transmission *analogon* inverse de la réception.

Fondamentalement, la finalité de la tradition c'est l'éducation – la formation, la *Bildung* – de chacun de ceux qui travaillent à son maintien. Contrairement aux idéologies du progrès qui collectivisent le destin de l'humanité et l'aliènent définitivement dans un toujours à venir, si bien que nul n'a plus de salut personnel, l'œuvre de la tradition, la participation de chacun à l'œuvre de la tradition – pourtant en elle-même transcendante d'emblée à l'ordre des individus – leur confère sa propre destinée. L'aventure de tous n'est celle de personne. La tradition ne propose aucune aventure collective, mais elle exige tout de chacun en particulier et dote chacun d'une dimension d'éternité qui le fait échapper à l'implacable succession du temps.

---

[4] Symbole de l'âme humaine : elle tisse perpétuellement le voile à l'encontre des courtisans qui veulent la posséder, dans l'attente du retour du Maître.

CHAPITRE VI

Le primitif et le traditionnel

Lisons d'abord ce texte de Jean Baudrillard sur l'Amérique :

« Pourtant il y a contraste violent ici, dans ce pays, entre l'abstraction grandissante d'un univers nucléaire et une vitalité primaire, viscérale, incoercible, venue non de l'enracinement, mais du déracinement, une vitalité métabolique, aussi bien dans le sexe que dans le travail, que dans les corps ou dans le trafic. Au fond, les États-Unis, avec leur espace, leur raffinement technologique, leur bonne conscience brutale, y compris dans les espaces qu'ils ouvrent à la simulation, sont *la seule société primitive actuelle*. Et la fascination est de les parcourir comme la société primitive de l'avenir, celle de la complexité, de la mixité et de la promiscuité la plus grande, celle d'un rituel féroce, mais beau dans sa diversité superficielle, celle d'un fait métasocial total aux conséquences imprévisibles, dont l'immanence nous ravit, mais sans passé pour la réfléchir, donc fondamentalement primitive… La primitivité est passée dans ce caractère hyperbolique et inhumain d'un univers qui nous échappe, et qui dépasse de loin sa propre raison morale, sociale ou écologique ».

Jean Baudrillard, *Amérique*, Livre de Poche, « Biblio-Essais », 1991, pp. 12-13.

Lorsque, étudiant la philosophie à l'Université de Nancy, il y a une soixantaine d'années, nous parlions, devant notre professeur[5] de philosophie « traditionnelle », immanquablement il nous répondait avec irritation « j'ignore la signification de ce terme. Veuillez, je vous prie, préciser de quelle tradition il s'agit ». Aujourd'hui, c'est

---

[5] Robert Derathé, professeur d'histoire de la philosophie, spécialiste de Jean-Jacques Rousseau.

cette ignorance même qui paraîtrait incongrue. L'emploi de l'adjectif « traditionnel » sans autre indication, comme pris en un sens absolu, s'est considérablement étendu : on parle couramment de poésies traditionnelles, de musiques, de danses, de costumes, de cultures, et plus généralement de sociétés traditionnelles. Des penseurs et des sociologues aussi modernes et radicaux qu'un Baudrillard, par exemple, érigent même la tradition en critère spécifique de différenciation : ce qui définit le monde moderne en tant que tel, c'est son caractère anti-traditionnel. Une telle affirmation aurait été à peu près inintelligible il y a cinquante ans. Ou plutôt, elle aurait paru purement idéologique, voire confessionnelle et sentimentale, et indigne en tout cas d'un discours vraiment scientifique et objectif : telle était assurément l'opinion de notre professeur, savant historien de la philosophie politique, rationaliste et agnostique. C'est pourtant ce qui s'est produit : le terme de « tradition » s'est imposé progressivement en sociologie, en ethnologie, en anthropologie, en culturologie, pour désigner des réalités et des faits d'une manière objective et scientifique, « technique » en quelque sorte, à l'encontre de tous les autres, parce qu'il était à la fois le plus neutre et le plus précis.

On a vu ainsi disparaître peu à peu le terme de « primitif » et même celui d'« archaïque » pour caractériser les peuples et les civilisations de l'Afrique et de l'Amérique. Heureuse disparition, car ces qualificatifs, « naïvement » péjoratifs, ne faisaient que trahir, sous une terminologie pseudo-scientifique, l'idéologie industrialiste et progressiste qui les inspirait. Parler de mentalité primitive, de société primitive, ou tout simplement de primitifs, c'est en effet postuler implicitement que cette société et ces hommes sont aussi et d'abord des « arriérés », c'est-à-dire qu'ils en sont restés à un stade extrêmement rudimentaire de développement intellectuel comparé à celui de l'ethnologue occidental qui les étudie comme on étudie un insecte bizarre ou une espèce fossile depuis longtemps éteinte. Ils témoignent d'un état ancien, d'une humanité curieusement figée dans ses modes de vie et de pensée, tandis que nous autres, Européens civilisés, nous poursuivions notre marche en avant, améliorant sans cesse notre être, nos facultés et nos conditions d'existence. Ce faisant, d'ailleurs, nous accomplissions simplement les promesses que la nature évolutive, l'élan vital, avait placées en nous. Car le concept de primitivité ne repose pas seulement sur la constatation d'un fait, celui de la « supériorité » mentale et technique du civilisé moderne sur le sauvage « demeuré », elle postule aussi un droit et donc un devoir. Le civilisé moderne représente l'aboutissement normal d'un processus *naturel* : le développement de l'occidentalisation et de la modernité est inscrit dans notre structure, sinon on ne voit pas pourquoi on devrait le considérer comme une supériorité de nature.

On rétorquera peut-être que cette supériorité résulte d'une simple comparaison : la civilisation moderne résout les problèmes qui se posent à toute vie humaine d'une manière plus efficace que les sociétés anciennes. Tout instrument qui remplit mieux qu'un autre sa fonction lui est supérieur. Mais les choses ne sont pas si simples. Car encore faut-il s'entendre sur les fonctions qu'une société doit assurer d'une part, et sur le choix des critères d'efficacité d'autre part. Quant aux fonctions, il est difficile de nier que les sociétés anciennes réussissent à satisfaire les besoins spirituels et psychologiques de l'humanité, ses exigences de convivialité, de vitalité chaleureuse, son sens du beau et du quotidien poétique, autant sinon mieux que la société industrielle ou post-industrielle.

Mais les critères d'efficacité technique ne sont pas plus décisifs. Thèse paradoxale, qu'on nous accordera sans doute malaisément, qui pourtant ne laisse pas d'être soutenable. Car aucun progrès technique ne l'est à tous les points de vue. Améliorer un outil, une machine, un produit, c'est remédier à un défaut perçu, c'est donc s'engager dans une direction déterminée et c'est ignorer, ou perdre de vue, certains des avantages de l'ancien procédé, et aller au-devant d'inconvénients encore insoupçonnés. On ne saurait gagner sur tous les tableaux. Ainsi a-t-on vu, par exemple, les transports urbains passer de la traction électrique au moteur à essence, puis revenir au rail après plus d'une décennie de pollution et d'embouteillages. Bien d'autres exemples seraient à citer dans des domaines de plus grande importance que celui de la circulation : nous pensons à l'agriculture et aux processus destructeurs et irréversibles de désertification qu'a entraînés l'usage massif et brutal des techniques modernes, mécaniques et chimiques. À quoi il faut ajouter qu'aucun perfectionnement technique n'est indéfini, contrairement à une opinion aussi fausse qu'indéracinable : des milliers d'instruments et d'outils, après une évolution plus ou moins lente, ont atteint leur forme optimale et définitive. Ils la garderont tant que subsistera l'usage auquel ils sont destinés. C'est, par exemple, le cas de l'aiguille à coudre, du marteau, de la fourchette, mais aussi de la bicyclette.

On peut même aller plus loin. Le seul critère d'évaluation, en technologie, critère incontestable, est la durée. Étant donné qu'on ne commande à la nature qu'en lui obéissant, et que la technologie d'une culture résulte d'un compromis adaptatif entre les contraintes de son milieu physique, et les contraintes sociales et culturelles de son milieu humain, sa durée prouve par là même son adaptation, sinon elle disparaît en peu de temps.

Inversement, une civilisation en transformation permanente prouve par là même son inadaptabilité congénitale. Les progrès considérables et spectaculaires de la technique moderne résultent autant de l'exploitation des énergies immédiatement utilisables que de l'ingéniosité mécanique. Or ces énergies ne sont pas inépuisables. Rappelons – ce qu'on oublie toujours de dire – que l'électricité n'est pas une *source* d'énergie : elle doit être produite. Quant à l'énergie atomique, elle exige la source du minerai d'uranium, lequel est très rare. « On fait confiance », écrit Raymond Ruyer, « au génie des savants et aux possibilités infinies de la technique scientifique, dont les "multiplications" paraissent pouvoir répondre aux multiplications des demandeurs. On est préoccupé surtout d'exiger que les nouvelles sources d'énergie ne soient pas polluantes […]. Par malheur, il y a là d'effrayantes illusions qui promettent de plus effrayantes déconvenues. La première est que l'on confond l'ingéniosité humaine dans l'invention des mécanismes avec la faculté qui serait surhumaine de créer de nouvelles matières et de nouvelles ressources »[6]. L'énergie ne se produit pas, elle se consomme. C'est le principe de l'entropie, second principe de la thermodynamique. Dès lors, les énergies fossiles étant non renouvelables, elles ne peuvent que s'épuiser, il faut conclure que la civilisation industrielle moderne est moins durable et moins adaptée aux contraintes physiques et culturelles de son milieu que la civilisation de la pierre taillée ou de la pierre polie.

Toutes ces considérations, et l'on pourrait en donner d'autres, montrent à l'évidence que le jugement de *primitivité* porté sur une société ancienne ou simplement non occidentale exprime seulement l'idéologie évolutionniste qui l'inspire. Loin d'être le résultat d'une constatation objective, il n'est explicable et n'a de sens qu'en fonction d'une théorie implicite ou explicite de l'histoire de l'humanité, théorie qui informe, consciemment ou non, toutes les conceptions de la société. Et ce n'est pas un hasard si la même époque a vu naître à la fois la théorie de l'évolutionnisme avec Lamarck et Darwin – *L'origine des espèces* date de 1859 – et le concept d'âge mental avec l'apparition du premier test d'intelligence élaboré, entre 1905 et 1911, par les docteurs Binet et Simon, d'où résulte le concept de mentalité primitive ou prélogique, concept forgé par Lucien Lévy-Bruhl. *Les fonctions mentales dans les sociétés inférieures* date de 1910, *La mentalité primitive* de 1922. On assiste donc à la mise en place d'un triple évolutionnisme : biologique, anthropologique et sociologique. L'évolutionnisme apparaît ainsi pour ce qu'il est : une idéologie travestie en science.

---

[6] *Les cent prochains siècles*, Fayard, 1977, p. 194.

2ème PARTIE

LA MODERNITÉ AU REGARD DE LA PHILOSOPHIE

CHAPITRE VII

Y A-T-IL UN SAVOIR PHILOSOPHIQUE ?

« La philosophie n'apprend rien et ne peut rien apprendre de nouveau par elle-même puisqu'elle n'expérimente et n'observe pas. Les philosophes n'ont jamais rien appris, ils ont raisonné sur ce qu'ont fait les autres. Excepté Descartes, Leibniz, Newton, Galilée ; voilà les vrais philosophes actifs : ce sont de grands savants. Mais Kant, Hegel, Schelling, etc., tout cela est creux, et ils n'ont pas, à eux tous, introduit la moindre vérité sur la terre. Il n'y a que les savants qui le peuvent. Quant à Bacon, c'est une trompette et un crieur public : il n'a fait que répéter les vérités scientifiques qui régnaient de son temps dans les Galilée, Torricelli, etc. Mais par lui-même il n'a rien fait si ce n'est de répéter sur tous les tons qu'il fallait laisser la scolastique et prendre l'expérience. D'autres l'avaient fait avant lui, lui l'a dit plus fort. Mais Bacon n'a laissé aucune vérité à la science ».

CLAUDE BERNARD

La position qu'exprime Claude Bernard dans ce texte est parfaitement claire : il n'y a pas de connaissance philosophique. Le philosophe se sent blessé par une telle affirmation, et comme elle lui paraît excessive, il est tenté spontanément d'en prendre le contre-pied. Pourtant il n'est pas tellement facile de fournir un exemple de connaissance philosophique. Plutôt qu'à un commentaire détaillé, qui ne s'impose pas ici, nous allons nous livrer à un dialogue avec le texte, et nous interrogerons à notre tour Claude Bernard : y a-t-il des connaissances scientifiques ? Ou encore, qu'est-ce qu'une connaissance scientifique ?

1. *Vérité scientifique et vérité philosophique*

Cl. Bernard, illustre savant, grand spécialiste de la méthode expérimentale, semble poser dans ce texte le débat classique entre science et philosophie et prendre parti pour la science avec une force assez inhabituelle. Cette vigueur dans l'affirmation risque précisément de nous en interdire la compréhension par son excès même. Nous sommes trop aisément enclins à réagir en philosophe et à ne voir là que du scientisme, ou pis encore, de l'ignorance délibérée. C'est pourquoi nous devons au contraire nous efforcer à un examen impartial, et nous demander si Cl. Bernard n'a pas fondamentalement raison, ou encore si l'état de la philosophie ne lui donne pas raison. Il serait vain de répondre au scientisme par le philosophisme.

C'est pourtant par un appel au philosophisme que l'on répond d'ordinaire à Cl. Bernard. On prend un air mystérieux pour affirmer qu'il y a des vérités qui échappent à la science, et que ce sont d'ailleurs les plus importantes parce qu'elles concernent l'existence humaine. Sans doute, dira-t-on, il n'y a pas de vérité philosophique comme il y a des vérités scientifiques. Il faut donc distinguer plusieurs types de vérités. La philosophie n'expérimente pas ? Assurément. La philosophie n'apprend rien ? Cela est vrai. Mais en quel sens ? En ce sens que la science, elle, nous apprend quelque chose *du* monde : elle nous fait connaître, ou du moins prétend nous faire connaître, ce que sont les choses en elles-mêmes et quelles sont les lois qui les régissent. Sur l'homme, la science peut aussi nous apprendre beaucoup. Mais seulement parce qu'elle le considère comme un objet du monde. La médecine expérimentale n'étudie pas l'homme autrement qu'elle étudie un lapin ou les phanérogames. Faut-il en conclure pour autant que la philosophie est inutile ? Que « Kant, Hegel, Schelling, etc., tout cela est creux, et qu'ils n'ont pas, à eux tous, introduit la moindre vérité sur la terre » ? Non, continuera notre philosophe, cela ne se peut dire, car si Kant ou Hegel ne nous ont rien appris sur la constitution des roches métamorphiques, ou sur la nature des anneaux de Saturne, c'est-à-dire, s'ils ne nous ont pas enseigné des *contenus* de vérité, ils nous ont beaucoup appris sur le *sens* que ces contenus de vérité ont pour l'homme. La philosophie est une *herméneutique*, c'est-à-dire une interprétation du sens. Son objet n'est pas le contenu de nos connaissances, mais le sens ou la signification de ces contenus pour nous. Peut-on parler de la vérité d'un sens ? Oui, dans la mesure où il y a un sens vrai et un sens faux, dans la mesure où l'homme se trompe sur ce qu'il pense ou sur ce qu'il croit pouvoir penser. Le philosophe alors lui montrera que, croyant penser telle chose, il pensait en réalité autre chose, croyant que telle chose avait pour lui tel sens, elle en avait en réalité un autre, ou encore qu'il ne peut en même temps penser ceci et cela sans contradiction.

Kant, justement, nous fournit un exemple fameux. À propos de l'une des *Antinomies de la Raison pure* : le monde est fini, le monde est infini, quelle est la question que pose le philosophe ? Expérimentons ? Observons ? Non. Mais seulement ceci : ces affirmations en apparence contradictoires, c'est-à-dire telles que l'une est vraie si l'autre est fausse, loin de s'opposer totalement, acceptent toutes deux une commune thèse, à savoir, que l'idée de monde *ait un sens* pour nous. Or, précisément, elle n'en a pas. Comment, dira-t-on, elle n'a pas de sens ? Pourtant… Non, rétorque Kant, elle a un sens apparent, mais c'est une *illusion*, car l'idée de monde, c'est l'idée de la totalité des phénomènes. Or, cette totalité des phénomènes ne correspond justement à aucune expérience possible. En pensant l'idée de monde, je crois penser quelque chose et pourtant je ne pense rien. La philosophie ainsi est fort utile à l'homme, et pas seulement une fois, le temps de dénoncer une illusion, mais chaque fois que l'homme pense, parce que cette illusion est permanente, naturelle et constitutive de la pensée humaine. Au fond, toute la thèse de Cl. Bernard revient à reprocher à la philosophie de ne pas être la science.

Il est vrai que certaines philosophies vivent dans la confusion des deux ordres de vérité. En tant que pures philosophies, elles prétendent se prononcer sur la nature des choses, ce qu'elles sont bien incapables de faire. Ceux des philosophes qui toutefois y parviennent le peuvent uniquement parce qu'ils sont aussi des savants, et c'est pourquoi Cl. Bernard, qui cherche la philosophie dans la science sans l'y trouver, n'excepte de sa condamnation que Descartes, Leibniz, Galilée et Newton. Ce qu'il loue dans leurs philosophies, ce sont les vérités scientifiques qui s'y mêlent. Mais ces philosophies participent de la confusion que nous dénoncions précédemment, et dont Cl. Bernard lui-même est loin d'être exempt.

Nous pouvons conclure, estimera le philosophe, que si l'accusation de Cl. Bernard n'est pas fausse matériellement, elle l'est formellement, c'est-à-dire que, s'il est vrai que la philosophie n'expérimente ni n'observe – en quoi consiste la matière de l'accusation –, néanmoins il est impossible d'en faire reproche à la philosophie : cela ne peut prendre la forme d'une accusation.

2. Une philosophie sans objet est-elle possible ?

Il faut en effet prendre bien conscience des conséquences de la position kantienne, qui représente peu ou prou l'attitude générale du philosophe moderne. Elles vont à retirer à la philosophie tout objet au sens propre. Il est loisible d'estimer qu'il n'y a pas pour elle d'autre voie de salut que la solution de Kant, mais en l'occurrence on accordera que notre victoire sur le scientisme brutal nous coûte cher. Il est clair en effet qu'on ne peut considérer la recherche du sens comme la recherche d'un objet physique. Et non seulement on ne le peut pas, mais encore on ne le doit pas, puisqu'on retomberait dans l'illusion que Kant appelle transcendantale.

Cela étant, comment peut-on soutenir qu'il y a malgré tout une philosophie spéculative, ou, si l'on veut, une raison pure ? Connaître, c'est connaître un objet. Là où il y a intention noétique – ou spéculative, ou théorétique –, il y a nécessairement un objet. Si l'on retire tout objet à l'intention noétique, peut-elle demeurer longtemps suspendue dans le vide ? Nous entendons bien que c'est là l'entreprise propre de Kant, et qu'il fait justement de l'analyse de l'intention noétique, envisagée comme une pure forme, l'étude privilégiée du philosophe, mais nous nous demandons si là n'est pas la plus grave des illusions, et si cette analyse est possible autrement que par une réification des formes de la connaissance qui *jouent alors le rôle* de véritables objets.

On en revient au fond à la question que pose Cl. Bernard : que connaît-on quand on fait de la philosophie ? Rien. À suivre Kant on est donc conduit, qu'on le veuille ou non, à nier toute philosophie spéculative. Et comme il faut bien un objet à l'activité philosophique, au *philosopher*, on dira que c'est l'homme, et la philosophie devient purement morale ou pratique. Que tel soit bien le véritable centre du kantisme, c'est ce dont nous ne saurions douter. La *Critique de la Raison pure* n'est qu'une préparation en vue de la *Critique de la Raison pratique*. C'est l'interrogation sur l'homme, sa liberté, le sens de son existence, qui ouvre et définit le vrai champ philosophique. Curieusement, mais logiquement, c'est aussi ce que conclut le scientisme positiviste de Comte. Le *Cours de philosophie positive* ne constitue qu'une propédeutique intellectuelle du *Système de politique positive* grâce auquel se réalisera la régénération morale et « religieuse » de l'Humanité.

Quelle que soit la subtilité de la réponse philosophique au scientisme brutal de Cl. Bernard, force nous est de revenir à la question qu'il pose au début de son texte ; qu'apprend-on en philosophie ? Si l'on n'apprend rien, et si c'est en cela que réside le propre de la philosophie, si son ordre est ailleurs et concerne seulement l'agir humain, comment pourra-t-on garantir le caractère inévitablement spéculatif de cet ordre ? En effet, si, par défaut d'objet, il ne peut y avoir de philosophie de la raison pure théorique, comment peut-il y avoir de philosophie de la raison pure *pratique* ? En d'autres termes, ou bien il y a une philosophie spéculative, et, par conséquent, des objets et des connaissances philosophiques, ou bien il n'y en a pas, mais alors il n'y a pas non plus de *philosophie* morale. Autrement dit encore, toute philosophie est spéculative par essence, c'est-à-dire que l'intention noétique est constitutive de l'acte philosophique. Or, nous l'avons vu, elle suppose un objet. Dès lors, Cl. Bernard est bien fondé à demander à la philosophie : que nous apprends-tu ?

La permanence de l'exigence spéculative en philosophie, et l'impossibilité d'y satisfaire, sont manifestées très clairement dans la crise que traverse, depuis longtemps déjà, l'enseignement de la philosophie. La question de Cl. Bernard devient alors : que faut-il enseigner en philosophie ? Les réponses sont très embarrassées. Pendant longtemps, la majeure partie du programme fut consacrée à la psychologie. On avait là un objet positif, jusqu'au jour où l'on s'est avisé que la psychologie était une science et non pas de la philosophie. À l'extrême opposé, on trouvait les partisans d'un philosophisme farouche : le seul objet positif de la philosophie, ce sont les œuvres des philosophes. Mais il fallait bien se demander : quel est l'objet des œuvres des philosophes ? D'autres se rabattaient sur les sciences et donnaient toute la place à la logique, mais le développement de la logique moderne a finalement invalidé cette solution. Restait la morale. La vogue de l'existentialisme, qui est essentiellement une interrogation morale de style pathétique, fit bénéficier cette tendance d'une grande popularité. Les débats de conscience devenaient intéressants. Chacun se penchait avec ravissement sur les insurmontables problèmes que lui posait sa liberté. « Choisir » de remuer le petit doigt mettait en jeu le sens de l'univers. Admirable conséquence ! La philosophie conçue exclusivement comme recherche du sens se déclarait elle-même comme philosophie de l'absurde. Mais on s'aperçut un peu tardivement que l'existence était plus existentielle que l'existentialisme, et que toute cette spéculation ne pesait pas lourd en face de la vie réelle. D'où la transformation de cette spéculation en action (politique) : d'où mai 68, d'où le reniement de Sartre lui-même à l'encontre de sa première philosophie. La gageure kantienne ne pouvait être soutenue. Signe tout à fait remarquable, c'est en Russie soviétique que l'enseignement philosophique semble le plus assuré de lui-même, et lorsqu'on en considère le programme on constate qu'il entend bien enseigner des connaissances positives.

Doit-on en conclure que Cl. Bernard a parfaitement raison ? Si oui, alors il faut résolument renoncer à l'activité philosophique, et, puisqu'elle n'a rien à enseigner, il faut la retirer de l'enseignement. Cependant, avant d'abandonner à la science le droit de dire des vérités, il nous resterait à examiner brièvement la valeur de ce droit.

3. science et scolastique

Y a-t-il une vérité scientifique ? Visiblement, pour Cl. Bernard, la nature de la connaissance scientifique ne pose aucun problème. Le savant possède deux instruments : l'observation et l'expérimentation. Appliquant ces deux instruments, il parvient à connaître ce qui, dans les choses, de prime abord, ne se perçoit pas. La nature renferme toute vérité possible, mais cachée par le voile des apparences. Il suffit d'aller la chercher derrière ce voile. Lorsque l'opération est terminée, le résultat s'appelle une *vérité scientifique*. Je connais ce qui se passe réellement dans les choses alors qu'auparavant je l'ignorais. La recherche scientifique est assurément très difficile, mais la nature de la connaissance obtenue va de soi. La notion de vérité scientifique paraît tout à fait évidente, à tel point que scientifique est devenu synonyme de vrai. Or, si cette attitude était encore possible au XIXème siècle, elle ne l'est plus aujourd'hui. Que connaissons-nous quand nous connaissons scientifiquement ? Peut-on appeler cela une vérité ? Questions inconcevables il y a cinquante ans, tout à fait banales aujourd'hui. Il serait même possible de soutenir ce paradoxe, que plus on observe et expérimente, moins on connaît. Le progrès technique ne constitue en rien une réfutation de ce paradoxe, car il ne repose pas sur la connaissance d'une vérité de la chose, mais sur l'expérience de son usage. Est-ce connaître la vérité d'une réalité physique donnée que d'en connaître le « comportement » dans telle situation déterminée ?

La vérité de l'eau, par exemple, se réduit-elle à la formule « H2O » que nous révèle son électrolyse. Suffit-il de combiner deux volumes d'hydrogène à un volume d'oxygène pour avoir de l'eau ? Non. L'eau est une synthèse de ces deux gaz dont les propriétés physiques sont différentes des propriétés de chacun d'eux. On peut certes appeler vérité les relations abstraites qui traduisent en langage mathématique les « réactions » de ce corps aux différentes « épreuves » que lui impose l'expérimentation scientifique, mais baptiser une difficulté n'a jamais suffi à la résoudre. On peut également exclure délibérément du discours scientifique la notion de vérité, et n'est-ce pas ce que font Carnap et l'École de Vienne lorsqu'ils prennent pour critère de la validité de ce discours la possibilité d'ériger les propositions scientifiques en *propositions tautologiques*, c'est-à-dire en propositions qui sont valides indépendamment de la valeur de vérité ou de fausseté des termes qui les constituent ? D'une certaine manière, la science vit sur une réputation usurpée, non point chez les plus lucides de ses représentants, mais dans l'esprit du temps qui voit en elle la maîtresse de toute vérité. Non point dans ses déclarations les plus explicites, mais dans l'*aura* magique qu'elle sécrète plus ou moins malgré elle.

C'est un des titres de gloire de la phénoménologie husserlienne d'avoir compris qu'il y a dans la notion de vérité une « visée » que la science ne satisfait pas, une intentionnalité première que les constructions scientifiques recouvrent sans l'accomplir. En dernière analyse, la connaissance de la vérité c'est pour nous la connaissance de l'essence objective des choses et rien d'autre.

À l'époque de Cl. Bernard, il nous semble qu'un Auguste Comte définit la nature du savoir scientifique d'une manière beaucoup plus satisfaisante, lorsqu'il interdit à la science la recherche des causes, et qu'il lui assigne l'établissement des relations constantes, encore qu'aujourd'hui, même la positivité de la loi comme relation pure – non causale – fasse problème, et qu'on parle plus volontiers de *liaisons stochastiques* – définies en probabilité. Du côté des philosophes, on l'a vu, on assiste au même renoncement à l'idée de vérité.

Face à une violente diatribe d'un épistémologue contre la philosophie, on voit un philosophe répondre par ce que nous appellerons le « mystère philosophique », disant en particulier que la philosophie révèle une dimension de l'existence étrangère à la science, celle de la « fantaisie » ou de la « liberté ». Sans méconnaître le bien-fondé de cette remarque, nous estimons qu'il faut maintenir envers et contre tout le droit de la philosophie à la connaissance objective, sans quoi il est inévitable que la philosophie disparaisse. En réalité, seule la philosophie recherche la vérité au sens propre du terme, parce qu'elle seule recherche l'essence, mais il ne peut s'agir que d'une philosophie pré-kantienne, qui refuse d'accomplir la « révolution copernicienne » et qui admet l'existence d'une connaissance métaphysique. Si le mot vérité a un sens pour l'homme, alors il faut qu'il existe une connaissance de l'essence objective des choses. La philosophie est platonicienne, ou elle ne sera plus. Une telle connaissance cependant ne peut être « donnée » en tant que telle avec des mots. Elle se réalise dans la contemplation intellective des Idées. Est-ce à dire qu'elle ne peut en aucune façon s'enseigner ?

À la fin de notre texte, Cl. Bernard évoque les critiques inlassables de Bacon à l'égard de la scolastique. Il estime d'ailleurs qu'il n'y a pas même lieu de l'en féliciter, car il n'a fait que répéter une certitude déjà parfaitement acquise. Pour Cl. Bernard, comme pour des milliers et des milliers de philosophes occidentaux, on ne parle de scolastique que pour s'en moquer. La scolastique est le type achevé des doctrines creuses et purement verbales. On admet sans façon que des milliers « d'imbéciles », pendant plusieurs siècles, se sont complu à des jeux stériles qui passaient pour du savoir aux yeux de l'obscurantisme médiéval. On l'admet d'autant plus facilement qu'on en ignore le premier mot. Pourtant, il devrait être clair pour tous que la philosophie scolastique signifiant philosophie d'école, philosophie pour les écoliers, elle représente exactement ce dont a besoin l'enseignement de la philosophie. On ne peut enseigner à l'école qu'une philosophie scolastique. Nous sommes loin de compte aujourd'hui, sauf à s'en remettre aux scolastiques kantiennes, hégéliennes ou comtienne, ou même à la scolastique du matérialisme historique, la plus dogmatique de toutes. Le professeur de philosophie se veut semeur de doute, interrogation vivante et perpétuelle, mettant son point d'honneur à ne communiquer aucune certitude, ennemi de toute dogmatique spéculative.

À ce train, on ne saurait aller bien loin. L'intelligence de l'écolier a besoin de vérités, et, contre ce besoin, le scepticisme purificateur est impuissant. Tôt ou tard, il se fait jour, et ne trouvant pas à se satisfaire là où il s'y attendait, il se tourne vers d'autres certitudes, vers d'autres scolastiques. Cela prouve justement qu'à ce besoin spéculatif de l'intelligence, la science ne répond pas.

La philosophie scolastique médiévale se présente volontiers sous la forme d'une science des concepts à l'aide desquels l'homme pense. Elle définit, distingue, classe et ordonne. En cela elle ressemble à certains égards, au style de la philosophie kantienne, et c'est pourquoi il n'est pas étonnant que Kant ait si bien convenu à la philosophie universitaire.

Mais elle en diffère grandement en ce que les concepts qu'elle enseigne à utiliser sont adéquats à la nature des choses, parce qu'ils sont les reflets, dans la raison humaine, des essences immuables que perçoit l'intellect. Il en résulte que les concepts ne sont point seulement les « mots » de la pensée humaine, ou encore qu'ils ne jouissent pas de leur autonomie et donc qu'on ne peut les utiliser en n'ayant égard qu'à leurs relations propres, comme dans le langage ; sinon il n'y aurait guère de différence entre philosophie et logique. Parce qu'ils reflètent l'ordre des choses, ils obéissent dans leur emploi à des principes transcendants qui constituent autant de vérités éternelles, parce qu'ils sont les lois mêmes de l'Être.

❦

Comment pourrait-il y avoir science de ce qui est en devenir ? demandaient les Grecs. Il ne peut y avoir de véritable science que de l'Être.

CHAPITRE VIII

Épiménide ou l'entrée en philosophie

Tous les étudiants en philosophie connaissent ce fameux paradoxe du Crétois Épiménide qui affirmait : « Tous les Crétois sont menteurs ». Mais il est beaucoup plus rare d'en trouver qui soient capables d'aller au fond de la question qu'il pose. Rien de plus normal au demeurant, puisque ce paradoxe a défié les plus subtils logiciens de notre temps, ce qui n'est pas peu dire.

1. *Traitement psychologique du paradoxe*

Ce témoignage d'un Crétois sur d'autres Crétois ne semble pas poser de problèmes psychologiques très difficiles. Bien que la forme de l'assertion soit paradoxale, on comprend aisément ce qu'elle veut dire. Les Crétois sont menteurs. En admettant que cela soit vrai, on veut dire par là qu'ils ont une forte propension, ou une grande facilité à tromper ceux à qui ils parlent. Il s'agit donc d'un trait de caractère quasi national. Assurément la validité de cette affirmation ne saurait être absolue. On dit aussi bien : le Français est frivole, l'Allemand est sérieux, l'Italien volubile. Et donc on peut très bien dire : le Crétois est menteur. On sait en même temps que le Français n'est pas toujours frivole, de même pour le Crétois.

D'ailleurs, qu'est-ce que le mensonge ? Mentir ne consiste pas toujours à dire le contraire de la vérité, mais plutôt à affirmer le faux. La différence entre ces deux expressions, c'est que seule la deuxième a toujours un sens, tandis que la première ne vaut que pour les alternatives bien définies, par exemple : cet homme est vivant ou mort ; cette addition est juste ou fausse ; j'ai les yeux ouverts ou fermés. Ces cas sont assez rares. Quel est le contraire de la vérité, si je veux mentir sur la couleur d'une fleur ? Le bleu est-il le contraire du jaune, ou du rouge, ou du brun ? Et ainsi pour la plupart de nos assertions. Si toutes les réalités du monde s'opposaient deux à deux, un homme ne pourrait former le projet de mentir. Il me suffirait de choisir l'autre solution pour connaître le vrai et son discours serait parfaitement véridique. Il n'y a mensonge que parce qu'il y a indétermination des possibilités, c'est-à-dire parce qu'il y en a au moins trois d'une part, et d'autre part, parce que nul ne ment toujours.

Au demeurant, pour mentir, il faut connaître la vérité. Et donc la possibilité du mensonge implique la possibilité d'atteindre la vérité. Loin de la mettre en question, elle en constitue au contraire le seul critère psychologique. Seul possède le sens de la vérité celui qui peut mentir. En effet, ignorer le mensonge, en être totalement incapable, n'avoir aucun sens de cette possibilité, c'est n'avoir aucun sens de la vérité. Avoir le sens de la vérité, ce n'est pas enregistrer passivement toute information, c'est acquiescer activement à l'être. La vérité est bien *adaequatio rei et intellectus*, mais précisément elle suppose que l'intellect est différent de la chose, et que le sujet connaissant a conscience de cette différence. C'est même pourquoi il éprouve le besoin de combler cette distance de lui-même à l'objet par la relation de vérité. Mais il peut aussi refuser d'énoncer cette relation.

Dans le mensonge, la relation de vérité est *pensée*, mais elle n'est pas *affirmée*. C'est là toute la différence entre la proposition et le jugement, ou si l'on veut, entre le point de vue logique et le point de vue psychologique. Considérer un énoncé comme une proposition, c'est l'envisager en lui-même, en valeur absolue ; le considérer comme un jugement, c'est affirmer ou nier l'énoncé, c'est-à-dire lui attribuer la valeur de conformité – ou de non-conformité – au réel. Or, ce qui affirme, c'est le sujet humain, et, plus précisément, la liberté qui s'engage dans un énoncé.

C'est alors que le mensonge peut avoir lieu. Il consiste dans un engagement feint dont rien ne peut décider le caractère fictif. Cet engagement feint n'existe pas en dehors du langage qui l'exprime. Le menteur ne cesse pas d'être engagé intérieurement dans la vérité, sinon, il ne mentirait plus. Mais détachant le langage de sa fonction d'expression, il l'utilise comme forme pure, sans en avertir autrui qui continue alors à croire à sa valeur d'expression. Il rompt le contrat tacite qui unit tout parlant à tout écoutant. Nous sommes ainsi conduits à envisager le paradoxe d'Épiménide d'un point de vue logique

2. *Court traitement logique*

Si nous envisageons le paradoxe d'un point de vue purement logique, c'est-à-dire si nous cherchons sa signification en lui-même, on constate très vite qu'on a affaire à une contradiction. Si les Crétois sont menteurs, le Crétois Épiménide ment en disant qu'ils sont tous menteurs, et donc ils ne sont pas menteurs. Il ment en disant la vérité et il dit la vérité en mentant. Si tu mens en disant que tu mens, tu mens et tu dis la vérité en même temps. Cette autre forme du paradoxe que les érudits attribuent aujourd'hui à Eubulide de Milet – et non à Épiménide – met bien en évidence cette contradiction. Disons d'ailleurs que la critique moderne du fondement des mathématiques, aussi bien chez Zermelo et Hilbert que chez Tarski, tient ce paradoxe pour « insoluble ».

En quoi consiste ce contresens, ou cette contradiction ? En ce que la forme contredit le contenu et réciproquement. Donnons à ce paradoxe sa forme la plus claire : « j'affirme qu'il est vrai – forme de la proposition – que je n'affirme pas la vérité –contenu de la proposition ».

Or, il y a ici une difficulté. Nous avons dit que la logique considérait des propositions, et la psychologie des jugements. Parler d'une contradiction entre la forme et le contenu n'est-ce point faire intervenir la distinction jugement-proposition là où elle n'a pas à intervenir ? Sans doute Russell suggère-t-il quelque chose d'analogue lorsqu'il déclare qu'en disant : « je suis en train de mentir », je n'affirme rien. Mais il nous semble bien plutôt que c'est le paradoxe lui-même qui se refuse à être traité d'une manière purement logique. Car, et c'est là le plus important, dans ce fameux paradoxe, le contenu porte sur la forme, et la forme sur le contenu. C'est pourquoi, à notre avis, il ne comporte pas de solution sur le plan logique.

Autrement dit, le logicien se trouve devant une proposition *qui porte sur un jugement*, puisqu'elle revient à énoncer que toutes mes énonciations sont mensongères.

Quel est donc l'intérêt d'une telle affirmation ? Psychologiquement, nous l'avons vu, elle renvoie à une analyse du mensonge, logiquement, elle conduit à une interrogation sur le langage. Il ne reste que la philosophie pour y trouver matière à réflexion.

3. Traitement philosophique

Le philosophe attribue volontiers à ce paradoxe une signification symbolique ; celle de mettre clairement en évidence la situation humaine de tout discours sur l'être. Lorsque je dis : « aujourd'hui, le ciel est bleu », le contenu de mon affirmation porte sur une réalité extérieure, qui me paraît tout à fait incontestable, et tellement évidente que je ne vois d'autre différence entre cette réalité et mon énonciation que celle qu'il y a entre tout objet et son expression langagière. Autant dire que tout se passe comme si le ciel se parlait à lui-même par ma bouche. Je suis inconscient des conditions de possibilité de mon affirmation. La raison en est que le contenu de la proposition semble totalement indépendant de la forme, à savoir, qu'il ne s'agit précisément que d'une proposition, d'un discours et que le ciel ne se parle pas lui-même.

À ce niveau, les choses dites cachent le dit des choses, ou encore, le discours de l'être cache l'être du discours.

Mais le paradoxe d'Épiménide brise le paradis de la conscience naïve. Il révèle le discours comme tel en tenant un discours absurde, non dans son objet, ce qui ne nous ferait pas sortir de la conscience naïve, mais en lui-même, un discours qui est à lui-même sa propre négation comme discours.

Du même coup, l'attention du philosophe se détourne du contenu des propositions pour se porter sur leur forme. Mais ici il faut préciser. La forme, ainsi entendue, est constituée par l'ensemble des déterminations du sujet parlant qui ont rendu possible l'apparition d'un tel discours plutôt que de tel autre. Ce que le discours révèle, ce n'est plus la nature de l'être, mais les déterminations du sujet. Ce qu'il faut considérer, ce n'est pas ce qui est dit, mais ce qu'on a voulu dire, même et surtout si ce volontaire est un involontaire. Le discours tout en désignant l'objet signifie le sujet.

Ainsi, pour une telle philosophie, tout homme est un autre Épiménide. Oubliant qu'il est homme dans le monde, il parle de l'homme et du monde, croyant naïvement que son discours possède une valeur objective. Mais il faudrait pour cela qu'il disposât d'un point de vue intemporel, sur-humain et extra-mondain.

Nous pourrions aisément illustrer cette attitude philosophique à l'aide d'exemples récents. Le philosophe Ricœur a proposé de l'appeler une herméneutique du soupçon. Le marxisme et le freudisme en sont de bons représentants. Devant une œuvre culturelle, art, science ou philosophie, le marxiste ne se pose pas la question du vrai ou du beau, mais il critique toujours le contenu au nom de la forme, qui, en l'occurrence, renvoie aux déterminismes psychologiques et sociaux ; tragédie *bourgeoise*, philosophie *bourgeoise*. De même, le freudisme recherche dans les mêmes œuvres les traces d'une histoire du psychisme, et ramène ainsi tel chef-d'œuvre de Léonard de Vinci à la projection d'un conflit sexuel. Il est vrai que Freud comme Marx oublient de s'appliquer à eux-mêmes leur propre méthode d'analyse. La psychanalyse tout entière n'est-elle pas la projection des phantasmes sexuels de Freud ? Et dès lors, quelle est sa valeur de vérité ?

On voit combien par cette brève analyse, l'herméneutique du soupçon est loin d'être la panacée philosophique. Le paradoxe d'Épiménide demeure et se retourne contre ceux qui ont voulu en faire un nouveau *cogito*. Épiménide aurait dû dire : tous les Crétois, sauf moi, sont menteurs. De même, Freud nous dit : tous les hommes, sauf moi, sont victimes de leur inconscient, et que Marx affirme : « tous les hommes, sauf moi, sont victimes de l'aliénation idéologique ».

En réalité, comme nous l'avons montré dès le début, la possibilité du mensonge implique la possibilité d'atteindre la vérité. Le véritable paradoxe, c'est la nature même de la conscience intelligente. Avoir conscience, c'est transcender toutes les déterminations psycho-socio-culturelles. Intelliger, c'est saisir l'être. Et le reste n'est que bavardage[7].

---

[7] Ces analyses et leur conclusion ont été développées dans *La crise du symbolisme religieux*, rééd. coll. Théôria, L'Harmattan, 2008.

CHAPITRE IX

Dialogue et dialectique

Le dialogue, c'est d'abord, au sens le plus naturel du terme, un échange de paroles entre des personnes. Toutefois, on emploie plutôt ce terme au théâtre que dans la vie courante, où un tel échange se nomme généralement conversation. Le dialogue, c'est aussi un mode d'exposition philosophique, dont Platon est l'inventeur, semble-t-il, et qu'il porta du premier coup à un degré inégalable de perfection. Enfin aujourd'hui le dialogue est devenu synonyme de fraternité : ce n'est plus un acte, ni un genre littéraire, c'est une « valeur » au même titre que le Beau ou le Vrai, c'est un idéal doué de toutes les vertus, propre à résoudre, quand il est mis en pratique, tous les conflits qui surgissent entre les hommes, les classes et les nations.

Il nous semble que le problème posé par le dialogue se situe exactement à la rencontre de ces deux sens, sens naturel et sens normatif. Le dialogue est-il simplement une conversation à deux ? Ou bien est-il un type idéal des relations humaines ? Autrement dit : toute conversation à deux est-elle un dialogue ? Et sinon, le deviendra-t-elle jamais ? Puisque le propre d'un idéal est de refuser ses réalisations. A-t-on le droit de douer les dialogues de fait d'une vertu qu'ils ne peuvent jamais posséder.

1. À la recherche d'un modèle de dialogue

Comme toujours, chaque fois que nous cherchons à philosopher nous devons lutter contre une pente naturelle de notre esprit, que l'on pourrait appeler l'attirance du modèle immédiat. Lorsque nous sommes amenés à réfléchir à une notion, le mot qui l'exprime nous suggère une image où cette notion se trouve réalisée : c'est *l'exemple* à partir duquel on conseille souvent de bâtir une analyse. « Appuyez votre pensée sur des exemples précis », dit-on. Malheureusement ces exemples sont souvent incapables de porter le poids d'une construction spéculative un peu élevée : ou bien ils conduisent la pensée à des impasses. Ainsi le mot dialogue évoque pour nous l'image de deux ou plusieurs personnes qui s'efforcent de chercher ensemble, par l'échange de la parole, la réponse à une question que tous les interlocuteurs acceptent de se poser. Il peut aussi s'agir, non plus d'une recherche commune de vérité, mais de la recherche d'une vérité commune, dans le cas d'une tentative d'accord entre interlocuteurs divisés ; enfin, on peut rechercher dans le dialogue seulement une connaissance ou une reconnaissance réciproques, lorsque les divisions doctrinales paraissent moins graves que le manque de respect mutuel. Ces trois fins peuvent d'ailleurs se confondre dans la pratique, ce qui, de toute évidence, ne saurait être un bien.

Or, que pouvons-nous tirer de ce modèle ? N'allons-nous pas être entraînés à recueillir au terme de l'analyse, maintes banalités ? Nous dirons volontiers que le dialogue exige des interlocuteurs une grande objectivité, le désir sincère de rechercher la vérité, et surtout une attention fidèle à l'autre. À peine avons-nous prononcé ces mots, qu'ils nous plongent dans une sorte d'extase. Bien sûr, nous admettons que cette ouverture à autrui n'est jamais suffisante ; nous l'admettons d'autant plus facilement que cela ne nous coûte rien. Pourtant quelle merveille si cette attention mutuelle était universellement réalisée ! Voyez donc, une humanité tout entière en dialogue, chacun ne songeant qu'à écouter l'autre, à le comprendre, à le justifier ! Mais dans ce dialogue universel, quel silence ! Si tout le monde écoute, qui parle ? Il faut bien qu'enfin quelqu'un se décide à être entendu. Mais qui parlera le premier ? À l'instant on passe du silence à la cacophonie.

Dans cette description, qui est à peine une caricature, nous voyons un idéalisme fraternitaire et sentimental écraser une réalité humaine sous une charge affective démesurée. Et l'on se désole alors parce que le dialogue miraculeux n'a jamais lieu. Considérons le sens de la démarche. On part des individus, on énonce quelques conditions, et l'on estime avoir défini correctement les éléments du dialogue. Il suffirait que ces éléments soient réunis pour que naisse le dialogue. Cependant, on constate, dans la pratique, qu'il n'en est rien.

Il nous semble que si l'on veut obtenir une bonne image du dialogue, il faut la rechercher en dehors du champ habituel des relations humaines.

Pourquoi ne pas partir du « tout » pour aller aux éléments. Supposons le problème résolu, donnons-nous un modèle qui réalise, autant que possible, la perfection du dialogue. Pour notre part, nous proposerons trois modèles bien connus, mais auxquels on pense trop rarement : le *Concerto pour deux violons et orchestre* de Bach, le « duo » de Rodrigue et de Chimène au 3ᵉ acte du *Cid*, et le dialogue de la plaine et de la chapelle au dernier chapitre de la *Colline inspirée* de Maurice Barrès.

Remarquons que nous aurons chaque fois affaire à une œuvre qui nous donne une impression de quasi-perfection. Or, cette perfection provient en partie du caractère dialogal de ces réussites, c'est-à-dire de ce *qu'une seule « vérité » s'exprime à deux voix qui se répondent*, et qu'elle ne pourrait s'exprimer autrement. Mais, dans chacun de ces trois modèles, l'unité est première, le tout est donné et préexiste implicitement à ses éléments qui seuls pourtant se font entendre. Autrement dit, le dialogue n'est pas le résultat incertain des efforts des parties concertantes ; c'est lui qui au contraire domine et dirige l'accord des voix.

Qu'est-ce au fond que ces cris alternés d'amour que Chimène et Rodrigue lancent l'un vers l'autre ? C'est un seul et même amour qui parle à deux voix différentes et indissociables. Cet amour à deux voix, pourrions-nous l'entendre autrement ? Pourrions-nous l'écouter en lui-même, dans sa réalité une ? Assurément, non. L'unité rendue visible, l'unité posée, affirmée, définie, est une unité de division et d'opposition, non une unité d'intégration. Le propre de l'unité, c'est d'unir. Sans doute ne se confond-elle pas avec l'union. Il faut même maintenir ce point avec la plus grande fermeté : l'union ne peut se faire que dans et par l'unité, et ainsi doit toujours en être distinguée. L'amour de Chimène et de Rodrigue par exemple, est ici une réalité *une*, non un produit ; c'est une essence. Mais nous ne pouvons apercevoir de cette essence que son effet, savoir, l'union qu'elle induit en deux êtres dont aucun n'est lui-même sans l'autre.

Mais si, au lieu de laisser parler l'amour, je parle d'amour, je le traite comme un objet en lui-même et pour lui-même, alors il devient une chose parmi d'autres choses, il se juxtapose et se contrepose à tout le reste. Ainsi l'unité ne peut manifester sa puissance d'union qu'en demeurant en elle-même invisible.

Il nous semble que l'analyse précédente appelle deux sortes de remarques : on nous objectera d'une part que les exemples choisis sont des produits de l'art, qu'il s'agit d'œuvres réalisées, toutes faites, donc de « totalités fabriquées » qui, avant de se présenter ainsi, ont connu le stade de l'existence élémentaire et parcellaire, alors qu'un dialogue, étant une réalité vivante, n'est jamais fait, mais toujours se faisant. Lorsque nous lisons le texte de Barrès, lorsque nous écoutons le violon de David Oïstrakh répondre à celui de son fils, lorsque nous voyons Chimène faire écho à Rodrigue, ce que nous lisons, écoutons et voyons se déroule bien dans le temps, mais dans un temps extérieur à la réalité de l'œuvre, qui elle, est accomplie, achevée, en dehors de la durée. Supposer le problème résolu, c'est peut-être se donner un modèle idéal, est-ce pour autant se donner un modèle adéquat ?

D'autre part, ces modèles sont non seulement des produits de l'art, des *artefacts*, ce sont aussi des œuvres esthétiques, qui visent le Beau. Ces *totalités de fait* sont aussi des *unités de droit*, parce que l'unité ou l'harmonie sont des marques du Beau. C'est pourquoi il est possible d'admettre que cette unité, qui réalise la perfection du dialogue, préexiste à la multiplicité des voix et les subordonne. Y aurait-il objet esthétique sans cela ? Mais aussi l'intention d'unité peut s'accomplir parce qu'elle préexiste dans l'esprit du créateur et qu'elle informe une matière qui s'offre passivement à la liberté du poète ou du musicien. Il en va différemment du dialogue réel pour lequel, quel que soit d'ailleurs le désir d'unité des interlocuteurs, la liberté de chacun se heurte à celle de tous. Admettre la contrainte pour forcer l'unité ce serait du même coup détruire tout dialogue. Bien sûr l'art nous offre le miracle de deux libertés qui semblent s'accorder en une seule parole. Quels amants n'ont point désiré d'être le chœur alterné de l'amour ? Quels philosophes « en banquet » n'ont point rêvé d'être les porte-parole complémentaires d'une unique Vérité ? Mais, malgré Oscar Wilde, il n'est pas vrai que la vie imite l'art.

Répondre à la première objection, c'est se poser la question suivante : n'y a-t-il pas, dans l'expérience ordinaire, une donnée naturelle qui tienne lieu de cette totalité que l'art nous présente ? Si la voie qui va des éléments au tout est impraticable, y a-t-il, dans l'expérience humaine, possibilité de la voie inverse. Autrement dit, si le dialogue exige, pour être réussi, d'être supporté par une totalité – ou une structure, dirait-on aujourd'hui – dans laquelle les interlocuteurs soient déjà en relation par nature, existe-t-il réellement un tel support ? Sans hésiter, il faut répondre oui. Les analyses de la phénoménologie husserlienne qui ont conduit à ce que l'on appelle la psychologie en deuxième personne, nous paraissent justifier une telle réponse.

Avant d'en rappeler brièvement les résultats, précisons que ce qui est ici intéressant, c'est qu'il s'agit d'une solidarité de fait, constitutive des personnes elles-mêmes, d'une structure relationnelle de fait – les personnes *sont* prises dans une relation interpersonnelle – et non de la réalisation plus ou moins aléatoire d'un désir. Bref, il s'agit plus de philosophie que de psychologie. Avantage considérable, puisque la psychologie du dialogue nous avait paru précisément conduire à une impasse.

On sait que la psychologie classique, discipline en réalité très moderne – le terme date du XVIe siècle – et sans rapport véritable avec l'étude aristotélicienne de la *psyché*, à la suite de Descartes, part du sujet conscient comme de l'évidence première, en droit et en fait, comme de la première donnée, la plus immédiate de l'expérience. Or, la méthode phénoménologique s'efforçant de mettre en application le programme que Husserl lui avait fixé : « retourner aux choses », a montré le caractère « construit » d'une telle évidence.

Le propre de la conscience naïve, c'est de s'ignorer elle-même comme conscience. Elle est en quelque sorte absorbée par ce dont elle a conscience. Il en résulte qu'une conscience parfaitement solitaire, le promeneur dans le parc désert, ne se sait pas sachant, ne se voit pas voyant. À supposer que cette conscience solitaire ne rencontre que des objets, elle ne fait jamais que l'expérience des choses regardées, et non de choses la regardant. Survient une autre personne qui me regarde.

Dans cette expérience vraiment originaire, je prends conscience que je suis une conscience, parce que je prends conscience que je deviens un « objet » du monde parmi d'autres objets, pour celui qui me regarde, et qu'ainsi je suis conduit à me prendre pour objet, à me regarder. Je me saisis dans la mesure où je suis saisi.

C'est donc l'expérience d'autrui, c'est-à-dire l'expérience d'un *alter ego*, qui me révèle à moi-même. D'une certaine manière, on pourrait dire que je ne penserais jamais à moi si je ne faisais l'expérience de quelqu'un qui me pense. Je n'existerais pas pour moi-même si je n'existais pas pour un autre moi. « Le *solus ipse*, écrit Husserl, ne connaît pas de *corps propre objectif*, au sens plein et proprement dit, même s'il possédait le *phénomène* de son corps propre et les systèmes de multiplicités d'expériences y afférant et qu'il les eût de façon tout aussi parfaite que l'homme social »[8].

Ce qui est originaire pour la « constitution » de la conscience c'est donc l'expérience de l'intersubjectivité, l'expérience du *tu*, c'est-à-dire de « toi et moi ». L'éveil du sens d'autrui est corrélatif de l'éveil à la conscience de soi. La conscience est « sociale » par nature, et non seulement par accident. C'est dans la révélation, à la fois soudaine et progressive, qu'il existe d'autres consciences, que ma propre conscience existe *pour elle-même* – non en soi, bien sûr : ce n'est pas autrui qui crée ma conscience. Que cette révélation soit aussi une souffrance pour l'ego, puisqu'il découvre son affirmation en même temps que sa négation, est certain. Sartre en fit jadis un

---

[8] *Ideen* II, p. 81.

thème majeur de sa philosophie, et aussi le ressort dramatique de sa célèbre pièce *Huis clos*.

Mais on pourrait en tirer plus raisonnablement la conclusion que l'enfer c'est *l'ego*, qu'il s'agisse de moi ou d'autrui, puisqu'il est une contradiction. C'est Max Scheler, dans son *Formalismus in der Ethik*, qui, à l'encontre du solipsisme, a voulu établir l'évidence du « Toi en général », et qui a affirmé que « la société existe pour ainsi dire à l'intérieur de chaque individu ». Puis, Martin Buber, dans *Je et tu*, et surtout Maurice Nédoncelle, dans *La Réciprocité des consciences*, ont développé cette « psycho-philosophie » de l'intersubjectivité issue de la phénoménologie. Elle offre un terrain suffisamment solide pour y appuyer une philosophie du dialogue dont le besoin nous semble aujourd'hui se faire sentir.

Faut-il évoquer également l'exemple de la psychanalyse ? Nous ne le pensons pas. Que peut-on bâtir de solide sur une discipline où sont inextricablement mêlés des éléments de nature et de valeur très diverses ? Sous une apparence scientifique que justifient certaines réussites thérapeutiques, la psychanalyse est habitée par une sorte de ressentiment agressif à l'égard de toute morale et de toute religion. Si elle fait intervenir le point de vue de l'intersubjectivité, c'est essentiellement sous la forme de l'agression et du malheur, non à titre de structure fondamentale de l'être humain. Elle aboutit au psychodrame, non au dialogue. La vague de cette pratique montre à l'évidence qu'il s'agit, pour la psychanalyse de groupe, de déséquilibrer l'homme d'une manière assez fondamentale pour qu'il ne puisse retrouver son équilibre que sur le plan de l'animalité, c'est-à-dire de l'infra-humain. Loin de réaliser une conscience symphonique, elle peut tout juste rendre les sujets insensibles à la souffrance qui naît de l'altérité des *ego*, en exaltant un égoïsme vital, en érigeant en principe une sorte de droit à l'auto-affirmation de l'individu. Ou bien encore, en multipliant les conditions pour la réussite du dialogue, elle le rend impossible.

Cependant, si, selon une expression célèbre, « nul homme n'est une île », peut-on admettre qu'avec la découverte de l'alter ego nous possédions la clef du véritable dialogue ? Il n'en est évidemment rien. On aura beau jeu en effet, de nous faire remarquer que si l'intersubjectivité, le terrain constitutif de la conscience de soi, représentait une telle clef, alors, puisqu'il s'agit d'une donnée universelle, le dialogue serait du même coup réalisé. Or, ce n'est pas le cas. Bien que la conscience de soi soit en même temps conscience « sociale », elle ne suffit pas, c'est un fait, pour atteindre à la véritable unité dialogale. Elle définit une relation intersubjective fondamentale, mais qui peut aussi bien prendre la forme de la haine ou de l'indifférence que de l'amour. Nous retrouvons alors cette exigence d'une unité préexistante que notre analyse du modèle esthétique avait dégagée, et dont nous devons nous demander maintenant s'il est possible de la rencontrer dans les dialogues réels.

2. *Le modèle platonicien*

Puisque nous arrivons maintenant au terme de notre enquête, nous devons prendre toutes les précautions nécessaires pour bien dégager l'essence du dialogue. On applique aujourd'hui le terme de dialogue aux réalités les plus diverses et les plus disparates. Non seulement on désigne de ce terme toute rencontre entre des hommes, depuis la simple conversation entre amis, jusqu'au congrès scientifique, mais encore on décore du nom de dialogue le moindre effort de rapprochement entre des individus ou des groupes, ou même tout simplement les relations que telle organisation entretient avec telle autre. Il semble qu'on espère ainsi conférer une sorte de valeur philosophique – purement nominale – à des conduites qui en sont le plus souvent totalement dépourvues, et les faire accéder par là à la respectabilité. Cette inflation sans précédent d'un terme dont on usait autrefois avec plus de discrétion en altère presque irrémédiablement la nature et la force. On peut ensuite déplorer l'échec des tentatives dialogales, mais cet échec est inévitable. Faute de savoir exactement ce qu'est le dialogue, dans quelles conditions il est possible, et quelle en est la finalité, on exige de lui des « performances » qui excèdent de beaucoup sa « compétence ».

Nous dirons qu'il n'y a dialogue que là où il y a recherche délibérée de la vérité, recherche dont le dialogue est le moyen, c'est-à-dire qui s'opère *dia-logou*, à travers un discours constitué par des questions et des réponses concordantes. Cette définition, aussi fidèle que possible au modèle platonicien, écarte d'emblée certaines assimilations fâcheuses d'une part, et d'autre part précise la nature propre du dialogue parmi tous les types possibles de recherche de la vérité. Quant aux assimilations abusives, donc quant à son extension, le concept de dialogue ne saurait être appliqué à toute recherche d'un contact humain.

C'est l'erreur la plus commune. Comment ne voit-on pas alors que ce qui ne peut être qu'un moyen devient une fin ? La recherche des contacts humains appartient à l'ordre de l'affectivité. Dans sa forme supérieure, elle relève de la charité : à condition toutefois que ce soit Dieu que l'on aime dans autrui, et non seulement l'homme comme tel, puisque la charité est une vertu théologale, c'est-à-dire qui a Dieu pour objet. Cependant, en appelant dialogue une telle rencontre, on lui assigne une fin qu'on lui interdit en même temps d'atteindre. Puisqu'il s'agit d'un dialogue, on parle. Mais ces paroles n'ont pas essentiellement pour but de communiquer une vérité, ou d'énoncer une proposition, elles ne sont que le signe d'un désir de rencontre qui se satisfait du bavardage. On objectera qu'il vaut mieux parler, même pour ne rien dire, plutôt que de se battre. Mais il n'est pas certain qu'il faille pour autant trahir la destination naturelle de la parole. Il arrive d'ailleurs que ce genre de rencontre s'efforce de mieux justifier son titre de dialogue, c'est le cas notamment pour les colloques entre chrétiens et marxistes. On a affaire alors à la confusion – involontaire ? – inverse : on ne dialogue plus pour dialoguer, le moyen ne devient plus une fin, mais c'est la fin qui devient un moyen : la vérité, fin du dialogue, est mise en dialogue, dans le dessein de réaliser, au-delà des oppositions doctrinales, une unité d'action. Mais il est clair qu'il ne peut s'agir que d'une duperie ou d'une comédie. Tout interlocuteur d'un tel colloque sait pertinemment qu'il ne sera pas converti et qu'il ne convertira pas. Pourtant il expose sa philosophie à son adversaire comme si celui-ci pouvait en admettre la vérité, ou même comme s'il l'ignorait, ce qui est le comble de l'hypocrisie, puisqu'en réalité les professionnels de ce genre de rencontre sont très informés de leurs positions respectives ; tout au moins les chrétiens ont-ils généralement lu Marx ; tandis que les marxistes ont très rarement lu S. Paul, S. Thomas d'Aquin ou S. Grégoire Palamas. Si l'on n'atteint pas ainsi le but naturel du dialogue, on ne laisse pas cependant d'en altérer progressivement la nature jusqu'à faire perdre aux esprits le sens même de la vérité. La vérité, mise en pièces par le dialogue, est transformée en dialectique, tout au moins en ce mode inférieur et purement tactique de la dialectique auquel le marxisme a donné son nom.

Tout autre est la conception platonicienne de la dialectique, qui n'est pas la vérité, mais la voie qui y conduit. Nous en venons, avec cette remarque, au deuxième aspect de notre définition, qui concerne la *compréhension* et non plus *l'extension* du concept de dialogue. Nous disions que cette définition permet de distinguer le dialogue entre tous les types possibles de recherche de la vérité. On connaît en effet d'autres manières d'aller au vrai, telle par exemple que la méditation solitaire d'un Descartes dans son « poêle », l'enquête érudite à travers les livres, l'intuition révélatrice ; etc. Remarquons toutefois que si ces démarches sont solitaires, et même parfois tout intérieures, elles se passent malaisément de l'expression écrite, en sorte qu'il serait inexact de séparer ces voies solitaires des textes qui en consignent le tracé et les résultats. Il y a déjà comme un dialogue entre la pensée mentale et la pensée écrite, c'est-à-dire entre la relative liberté d'un acte intérieur, et les contraintes objectives des formes du langage. Pourtant ce n'est là qu'une métaphore. Le dialogue, au sens propre du terme, implique que la voie choisie pour rechercher la vérité est celle de la parole échangée, ce qui signifie que l'échange de parole est rigoureusement indispensable à la recherche – *et à la découverte* – de la vérité. Le modèle platonicien, si nous le comprenons mal, risque alors d'être trompeur.

En effet, semblable en cela au modèle esthétique que nous avons analysé précédemment, le modèle platonicien apparaît comme un modèle fabriqué, non comme un modèle réel. Sans doute le texte platonicien se présente-t-il comme une libre discussion, fera-t-on observer, mais il n'y a là qu'un artifice d'exposition, extrinsèque à la démarche philosophique. Socrate fait en réalité les demandes et les réponses, les interlocuteurs ne sont que des figurants, et Socrate lui-même n'est que le porte-parole de Platon, ou encore, selon le mot de Gompers, « le président d'honneur des dialogues platoniciens ». Il est vrai que ces dialogues sont des dialogues écrits. Comment pourrait-il en être autrement ? Mais c'est précisément la raison pour laquelle la remarque précédente ne nous paraît pas exacte. En admettant même que les dialogues de Platon ne soient pas l'écho de *disputationes* philosophiques qui auraient eu lieu à l'intérieur de l'Académie, puisque leur auteur ne manquait assurément pas de génie littéraire, il eût pu très bien donner à l'art l'apparence de la vie. S'il ne l'a pas fait, c'est qu'il ne voulait pas le faire. Par ailleurs, on ne peut nier que la méthode dialogale ne soit intrinsèque à la démarche platonicienne. Elle touche de trop près à l'essence même de la dialectique pour pouvoir en être séparée.

Que faut-il en conclure ? Il nous semble qu'il faut ici faire appel à cette exigence d'unité que nous avons dégagée lors de l'analyse du modèle esthétique. Sans la présence première et active de cette unité, le dialogue est aussi impossible qu'il est irréalisable sans la pluralité des voix concertantes. Le dialogue requiert donc à la fois unité et multiplicité : ni monologue ni bavardage. Socrate représente, à notre avis, cette unité première et active. Il est le nœud du dialogue, le centre de convergence et de rayonnement du cercle philosophique. Socrate est un symbole. Platon n'avait que faire d'imiter la vie. Puisqu'il formulait un modèle de recherche philosophique, il voulait enseigner une norme, non point décrire un fait. Cette norme nous est donnée sous la figure de Socrate. Sans un principe d'unité, la pluralité la plus assoiffée d'union demeure dans la dispersion. Disons concrètement, sans un maître, le dialogue dégénère en discussion. Cette vérité axiomatique condamne donc à la stérilité tous les pseudo-dialogues où les interlocuteurs n'apportent que leur bonne volonté. Du moins doivent-ils savoir qu'il ne peut résulter de ces rencontres aucun acquis doctrinal. Il est vrai que la présence d'un maître semble contredire à la raison d'être du dialogue que l'on conçoit volontiers comme un débat où chacun s'exprime librement.

C'est pourquoi c'est à une telle conception qu'il faut renoncer. L'interlocuteur qui, dans le dialogue, n'est attiré que par la liberté de parole, doit comprendre qu'une telle disposition rendra le dialogue impossible. Pour être digne de participer au dialogue, il faut au contraire que chacun des participants renonce intérieurement à sa liberté de pensée, qu'il soit décidé à se taire plutôt que de rêver, bref qu'il soit prêt à sacrifier toute affirmation à la manifestation de la seule vérité. En quelque sorte, on entre en dialogue comme on entre en religion, et c'est pourquoi il y faut un maître : « C'est ainsi que les réunions de ce genre, quand elles engagent précisément des hommes du genre de ceux que prétendent être la plupart d'entre nous, n'ont nullement besoin d'une voix étrangère, pas davantage de poètes à qui l'on n'est pas en mesure de demander ce qu'ils veulent dire. [...] les gens dont je parle disent adieu à une telle façon de converser ; ils conversent avec eux-mêmes et par le moyen d'eux-mêmes, usant d'un langage qui est leur propre langage, pour mettre les autres à l'épreuve et, réciproquement, pour s'y soumettre eux-mêmes. Ceux qui se comportent ainsi, je pense que nous devons, toi et moi, les imiter, et laissant les poètes de côté, tenir l'un avec l'autre, et par nos propres moyens, des propos qui sont les nôtres, mettant à l'épreuve la vérité aussi bien que nous-mêmes »[9].

Mais dès lors, dira-t-on, à quoi bon le dialogue ? Pourquoi ne pas se contenter d'écouter la parole du maître ? Le dialogue ne serait-il que l'alibi d'une dictature intellectuelle ? La réponse à cette question est double.

Disons d'abord qu'elle s'appuie sur le rapport que soutiennent entre eux dialogue et dialectique : le dialogue est la réalisation de la dialectique.

« Lorsque, par la pratique du dialogue, sans recourir à aucun des sens, on s'efforce, au moyen de la pensée, de prendre son élan jusqu'à ce qu'est chaque chose dans son essence propre, lorsqu'on ne se départit point de cet effort, que l'on n'ait auparavant saisi par

---

[9] *Protagoras*, 347 e – 348 a.

la seule intellection le Bien, dans la propriété de son essence, alors on est rendu au terme de l'intelligible, comme le prisonnier alors était rendu au terme du visible[10].

Or ce qui conduit de la multiplicité à l'unité, du visible à l'intelligible et à l'essence, c'est la « puissance dialectique ».

« Et si chez quelqu'un d'autre – que moi –, je crois trouver la capacité de porter son regard vers une unité, et qui soit l'unité naturelle dominant une multiplicité, cet homme-là, je me mets à sa poursuite, *marchant derrière lui sur ces traces* comme sur celles d'un dieu (=rôle du maître de la dialectique). [...] les hommes qui sont capables d'agir ainsi, [...], je les nomme dialecticiens »[11]. La dialectique, c'est donc l'ascension de l'intellect qui, de vérités conditionnées en vérités conditionnées, remonte jusqu'à l'Inconditionné, jusqu'à l'Absolu. C'est, dit Platon, la science royale. Mais, nous l'avons vu, l'unité harmonique de la multiplicité, c'est aussi ce que réalise le dialogue. Aussi le dialogue est-il bien, dans sa forme même, *l'incarnation* de la dialectique.

Cependant, si nous avons par là montré le rapport qui, chez Platon, unit dialogue et dialectique, nous n'avons pas encore véritablement répondu à la question posée. Pour cela, il faut dégager la signification la plus profonde de ce rapport.

Quelle est donc la conception de la vérité qui est impliquée dans la méthode dialectique incarnée par le dialogue ? C'est celle d'une vérité non systématique, c'est-à-dire informulable dans son Essence d'une part, et d'autre part d'une vérité inaccessible au seul entendement, c'est-à-dire qu'il ne suffit pas d'entendre pour la découvrir, mais qu'il faut partir effectivement à sa recherche.

Si nous acceptons provisoirement de distinguer la doctrine de la méthode – on pourrait dire en termes religieux : la théologie de la mystique –, nous dirons que la dialectique exprime le primat de la Vérité-en-soi, sur toutes ses formulations, et que le dialogue ex-

---

[10] *République* VII, 532 a-b.
[11] *Phèdre*, 226 b-c.

prime le primat de la réalisation méthodique sur la formulation doctrinale. Et puisque le dialogue incarne la dialectique, nous devons pouvoir retrouver dans le dialogue lui-même cette signification de la dialectique.

La tentation du système, inhérente à la raison humaine, c'est d'enfermer la Vérité dans un réseau unitaire et totalitaire de formulations rationnelles, c'est de *définir* la Vérité dans son unité et sa totalité. Or, nous l'avons vu dès le début, poser l'unité à côté de ce qu'elle doit unir, c'est l'isoler et rendre l'unification impossible. L'unité, en elle-même, est invisible, on peut seulement en voir la marque ou la trace, mais elle n'est pas quelque chose à côté d'autre chose. Lorsqu'Aristote nie – ou feint de nier – l'essence platonicienne, à l'aide du fameux argument du troisième homme, il montre seulement qu'il n'y a rien compris.

C'est précisément ce que nous apprend le dialogue. Par la forme dialogale elle-même, et pas seulement par ce qui s'y dit, Platon nous donne un enseignement silencieux, que perçoivent seulement ceux qui savent comprendre. Parce que dans le *dia*-logue, nous entendons le *Logos* parler à travers plusieurs voix, parce que ces voix ne sont que les porte-parole d'un unique Logos invisible et omniprésent, mais qui chante, avec quelle beauté et quel amour, sur les lèvres de Socrate, nous apprenons que la véritable unité est au-delà du discours, puisqu'il n'y a en réalité qu'un Verbe derrière tant de voix. Mais en retour nous découvrons que sans ces voix qui se répondent et se croisent dans l'amour de la Vérité, dans l'unique philosophie, dans le cœur socratique, le Verbe ne pourrait se faire chair. Cette Vérité demande à parler en nous, sans quoi nous ne pourrons la connaître.

Les interlocuteurs du dialogue platonicien sont autant de moments différents et concertants d'une même dialectique, d'un même cheminement du Logos à travers les intelligences.

Pour aller à la Vérité, il faut faire la Vérité. Le vrai dialogue, dit Platon, c'est lorsque « l'âme parle à l'âme ». Quittant le vacarme des bavardages humains, nous entrerons en dialogue. Nous ferons le silence en nous-même, et, prêtant l'oreille, nous nous efforcerons d'entendre, au fond de notre cœur, une Âme qui parle à notre âme.

CHAPITRE X

Brèves remarques sur la culture

On oppose souvent nature et culture comme le donné originel et le donné transformé, travaillé, développé par l'homme. Ainsi l'agriculture développe certaines virtualités végétales de la nature en leur imposant un ordre qui les conforme à une destination nutritive – le blé, par exemple, industrielle – le coton –, esthétique – les fleurs, les jardins. Il n'y a donc pas de culture pure, c'est-à-dire séparée de toute nature. La réciproque n'est pas vraie. Il y a une nature vierge. Au fond, la culture s'oppose moins à la nature qu'elle ne l'accomplit.

Si nous considérons maintenant l'homme, pouvons-nous distinguer l'homme cultivé d'une part, l'homme naturel d'autre part – ou l'homme vierge –, le premier étant l'accomplissement du second ? Cette thèse, qui est plus ou moins celle de Rousseau, est insoutenable. Il n'y a pas d'homme naturel, c'est-à-dire tel qu'il puisse se contenter de laisser jouer les déterminations de sa nature. Il existe pourtant une nature humaine, mais qui est inséparable d'une culture, c'est-à-dire qui n'apparaît jamais à l'état pur. Nier cette nature, comme le fait Sartre, c'est nier l'évidence. Mais cet « homme nu », support des développements culturels, est seulement accessible à la raison. L'expérience ne nous livre jamais qu'un homme revêtu de culture. Ce qui, répétons-le, ne contredit en rien le caractère parfaitement objectif de sa nature.

Pourquoi en est-il ainsi ? C'est que l'homme est un être pensant, un animal raisonnable. Or, qu'est-ce que la pensée ? Nous ne pouvons la définir que d'une manière négative : la pensée c'est le non-donné, le non-immédiat. C'est une distance, une séparation, mais aussi un moyen, le *medium quo* de ma présence au monde. Elle prouve à la fois que l'homme transcende le monde, mais aussi qu'il ne peut jamais être en contact direct avec les choses. Il peut seulement se les représenter. Il n'y a de présence pour l'homme que par représentation. L'homme ne se présente pas plus immédiatement aux choses que les choses ne se présentent immédiatement à lui. On pourrait dire équivalemment : l'homme doit toujours « apprendre » les choses – et lui-même. Qui va les lui enseigner ? C'est précisément le rôle de la culture qui est une « pensée constituée », ou encore, une pensée en acte qui permet à la « pensée possible » de s'actualiser.

Nous pouvons donc définir la culture – humaine – comme un système de représentations permettant d'intégrer, c'est-à-dire de comprendre et d'ordonner, toute information. Comprendre signifie saisir une chose en elle-même, ordonner signifie mettre une chose à la place qui lui revient par rapport aux autres. Aussi bien qu'une conception du monde, c'est, en fin de compte, un monde de concepts constitués, fourni par la société. Les systèmes culturels peuvent être très variés, mais leur nature et leur fonction demeurent partout identiques.

La relation nécessaire que nous avons posée entre la pensée et la culture apparaîtra plus clairement encore à la lumière des considérations qui vont suivre. On peut apprendre à un singe et à un enfant à ouvrir un tiroir rempli de bonbons à l'aide d'une pièce qu'on glisse dans une fente ; l'opération est répétée autant de fois qu'il convient pour obtenir une bonne réussite. Ensuite, on place les singes et les enfants dans un local vide, en donnant à chacun une pièce. On constate que si l'enfant comprend immédiatement que la pièce « vaut » des bonbons, jamais le singe ne peut « lire » sur la pièce perçue la signification « bonbon ». Ce n'est point qu'il en ait perdu le souvenir, mais c'est que « la perception bouche la représentation », ou encore, que l'animal, par nature, ne peut saisir un symbole.

C'est donc la « fonction symbolique » qui caractérise l'homme. On interprète généralement cette expérience comme manifestant la supériorité de l'homme sur l'animal, et l'on a raison. Mais il serait inexact d'imaginer que l'homme est d'abord un animal qui perçoit ce que perçoit tout autre animal, *plus* une fonction symbolique, c'est-à-dire *plus* de la représentation. La fonction symbolique, qui n'est rien d'autre que la pensée, ne s'ajoute pas à la perception, elle ne fait qu'un avec elle, ou plutôt l'enrobe de toutes parts, en sorte que la perception pure est comme une limite, qui arrête et fixe la fonction symbolique. Au fond, si l'univers des significations est inaccessible à l'animal, l'univers animal est inaccessible à l'homme. Il constitue la limite inférieure de l'univers humain. Si l'homme donc, ne perçoit que des significations, si c'est là la « forme générale » de la connaissance humaine, il faut bien donner une matière à cette forme, il faut bien que la signification, en général, devienne telle signification. Il faut bien une représentation en acte qui induise la représentation psychique : cette représentation en acte, c'est la culture, et tout particulièrement le langage. Toute pensée est pensée sur un donné culturel. Nommer, ou mieux, dire les choses, n'est pas une opération contingente dont l'homme pourrait se passer. La vraie nature de l'homme, c'est la culture.

La culture est donc première par rapport à l'homme. Cela pose le problème de savoir comment la culture première s'est constituée, puisque la nature humaine exige de soi non un donné naturel, mais un donné culturel. Pour notre part, nous ne voyons pas comment on peut ici se passer de l'idée d'une Révélation, soit infuse dans l'esprit du premier homme, soit objectivement manifestée, nous voulons dire d'une Cause transcendante qui enseigne à l'homme la signification des choses. C'est pourquoi, d'ailleurs, toutes les « cultures » affirment que le langage et les symboles sont d'origine divine. Au commencement de l'homme il y avait la religion.

CHAPITRE XI

L'HOMME : NATURE ET PERSONNE

Nous allons aborder maintenant les trois points suivants :

• Examen de la notion de nature physique et de nature vivante. Qu'est-ce que le corps ? Ce corps relevant de la Physique (=la matière) et de la Biologie (= la vie).

• Examen de la notion de nature humaine en fonction de certaines contestations modernes de ce qu'on peut appeler un anti-naturalisme sévissant encore dans certains courants de la Philosophie actuelle.

• Esquisse d'une métaphysique de la personne. Interrogation sur le mystère de la personne.

1. Le corps : nature physique et nature vivante

L'attitude requise pour examiner un tel sujet, la préoccupation première est de dénoncer « le préjugé matérialiste ». Ce dernier est non seulement partagé par une partie de la science actuelle ou des présentateurs actuels de la science, mais aussi par l'homme moderne ; c'est une conviction assez indéracinable que les matérialistes ont raison sans avoir besoin de démontrer qu'ils ont raison. Et ce sont les spiritualistes qui doivent se défendre, prouver que l'esprit est quand même une réalité, mais on est toujours tenté de le réduire, de ramener toutes ces manifestations à des données – apparemment incontestables – physiques, biologiques, liées au développement des sciences cognitives, c'est-à-dire qui analysent le processus de connaissance et qui ont généralement pour modèle les sciences informatiques – le cerveau est un ordinateur, la pensée est un produit du cerveau ; comme disaient certains médecins de la fin du XIXe siècle : « le cerveau secrète la pensée comme le foie secrète la bile et comme le rein secrète l'urine ». Cette profession de foi matérialiste serait peut-être un peu plus raffinée aujourd'hui grâce au développement de l'informatique, de l'intelligence artificielle, mais au fond elle serait partagée par un certain nombre de gens célèbres – par exemple, Jean-Pierre Changeux, auteur de *L'homme neuronal*. Or, cette position est tout à fait illusoire : aujourd'hui, ce sont les tenants de ce matérialisme qui sont en position difficile. En réalité, l'une des deux grandes révolutions scientifiques de notre temps qui est ce qu'on a appelé plus ou moins maladroitement « la mécanique quantique » ou « la théorie des quanta » – l'autre grande théorie scientifique étant la découverte de la relativité par Einstein – a conduit les physiciens au constat, officialisé en 1927, lors du 5e Congrès Solvay – congrès de physiciens – qu'ils ne pouvaient se mettre d'accord. Les uns, parmi lesquels Einstein, estimaient qu'il fallait continuer à chercher une théorie physique qui représente, de manière réaliste, la matière, la structure de la matière, et les autres pensaient qu'il n'y avait pas de représentation réaliste.

En conclusion, le modèle planétaire de l'atome, avec un noyau central et des électrons périphériques, est une image qui ne représente la réalité que d'une manière tout à fait théorique, cette réalité ne pouvant pas être représentée : parce qu'on est obligé, si on veut être fidèle aux données de l'expérience – car c'est toujours l'expérience qui est maîtresse et dont il faut rendre compte –, d'admettre qu'un électron est associé à une onde – « théorie ondulatoire » –, autrement dit que ce même petit morceau de matière, l'électron, peut se trouver à tous les endroits de la trajectoire de cette onde en même temps, ce qui est rigoureusement inconcevable d'une manière sensible, matérialiste.

Nombre de physiciens s'accordent pour dire que la notion de matière s'est évanouie. C'est donc la matière ou le matérialisme qui est une abstraction idéaliste, ce n'est pas du tout le matérialisme qui est une sorte d'évidence massive. Nous partageons tous spontanément ce matérialisme foncier : pour nous, ce qui est réel est d'abord le corps et le corps est d'abord ce qui est sensible, ce qui se voit, se touche et qui résiste, car l'idée d'objet, c'est l'idée d'objection ; un objet est d'abord une objection, quelque chose à quoi je me heurte. Si nous avions la taille d'un électron, nous nous promènerions à travers cette salle sans nous rendre compte qu'il y a des murs, des tables, de l'air, un plancher…etc., aucun corps ne nous serait impénétrable et donc il n'y aurait aucun objet.

Ainsi, nos cellules sont constituées de molécules, nos molécules sont constituées de systèmes énergétiques. Contrairement aux apparences, un corps n'est pas un dispositif matériel – constitué de tissus de différente nature, de squelette, de nerfs… – qui serait animé par quelque chose qui viendrait d'ailleurs et qui descendrait dans ce corps pour le constituer en être vivant. Le dualisme cartésien de l'âme et du corps et d'une âme qui intervient dans un corps qui lui est radicalement étranger, cette vue qui a empoisonné la pensée philosophique de l'Occident – retrouvée chez Monod – est fausse : il faut y renoncer.

Ce qui fait la solidité dans le corps vivant, sa résistance, la durée de l'être, n'est pas la constitution matérielle de ce corps, mais ce qu'on appelle « la vie » ou « une âme » c'est-à-dire un principe de structuration, un principe d'organisation au sens d'Aristote : « l'âme est la forme du corps ». Non pas sa forme au sens spatial du terme, l'âme ne dessine pas la configuration spatiale du corps, mais au sens d'organisation, de structuration dynamique, en acte. Cette vue d'Aristote est la seule qui rende compte de la réalité des choses ; la preuve en est que la moindre cellule – et donc le moindre dispositif physico-chimique organisé en cellules avec sa membrane extérieure, ses constituants internes, son cytoplasme…etc. – existe dans la mesure où elle est vivante : alors sa structure corporelle, physique existe. Dans la mesure où la cellule meurt, ce dispositif anatomique, cette structure – que l'on peut photographier, dessiner, représenter – se défait, se délite et retourne à l'état quantique.

Ce qui fait la réalité, la consistance matérielle du corps d'un homme n'est pas le dispositif matériel, mais la vie qui l'organise, l'âme qui le structure, le principe animique, la forme. Car à l'instant même où cette forme disparaît, ce corps cesse d'exister : il reste un corps, en vertu d'une certaine inertie, avec une apparence d'identité pendant quelque temps, mais à l'instant même de la mort, des destructions irréversibles se produisent dans le dispositif matériel. Ce n'est donc pas le dispositif matériel qui assure la solidité du corps, mais l'âme qui fait exister le corps, non pas au sens de « l'âme immortelle », mais au sens de « principe d'animation ». Il nous faut donc renverser notre vision spontanée des choses qui nous fait croire que ce qui est réel est le corps et que l'âme est quelque chose d'évanescent. Au contraire, c'est l'âme qui fait toute la réalité du corps et, à partir du moment où ce principe d'animation disparaît, le corps, dans sa réalité matérielle, se délite : c'est bien l'âme qui le tient ensemble.

2. La nature humaine

La nature humaine a mauvaise presse. Quelques philosophes ont découvert, il y a quelques décennies, qu'il n'y avait pas de nature humaine : l'idée de nature humaine est un produit des âges métaphysiques et, en réalité, la nature humaine est un alibi inventé par les classes supérieures ou les curés pour maintenir les peuples dans la dépendance : on les persuade que l'homme est comme cela, sa nature est son destin et au nom de ce destin voulu par Dieu, vous devez vous soumettre, obéir, rester dans la situation qui est la vôtre. L'appel à des données naturelles est considéré depuis un certain nombre de décennies, en particulier dans tout le courant existentialiste de Jean-Paul Sartre, de Simone de Beauvoir, comme un alibi pour perpétuer des situations d'inégalité. Ainsi, S. de Beauvoir dans son livre, *Le 2e sexe*, a affirmé qu'il n'y a pas de nature féminine, ni de nature masculine.

On ne peut pas nier que la notion de nature humaine masculine, féminine ou autre n'ait été utilisée à des fins n'ayant rien à voir avec la vérité métaphysique, c'est-à-dire pour maintenir des situations d'inégalité ou de dépendance. Mais ce n'est pas parce que la bombe atomique est une horreur absolue que la théorie des quanta est fausse. Alors, avant de savoir si la théorie des quanta conduit à l'utilisation de la désintégration de l'atome et à l'utilisation de la bombe atomique, il faut se demander : « est-elle vraie ? est-elle fausse ? ».

De la même manière, la notion de matière a pu être utilisée à des fins qui n'ont rien à voir avec la métaphysique, ce n'est pas pour autant qu'elle est fausse ou qu'elle est vraie. De même, la théorie évolutionniste, à la fin du XIXe siècle et au début du XXe, a été l'un des fondements du racisme et de l'élaboration des théories racistes et donc un des fondements de l'idéologie national-socialiste. Ainsi, l'usage qu'on peut faire d'une théorie est indépendant de la vérité de cette théorie.

Toutefois, il n'y a pas de démonstration de l'existence de la vérité de la nature humaine : tout le monde est naturellement persuadé qu'il y a une nature humaine. Dès lors que nous distinguons un homme et une vache, cela prouve bien pour nous que ces deux réalités n'ont pas la même nature : sinon, le mot « homme » n'aurait aucun sens et c'est peut-être là que gît la question. Ainsi, nous pouvons et nous devons, sans remords, accepter l'idée qu'il y a une nature humaine ; dans tout homme il y a même trois sortes de nature :

- Une nature générique : celle qui fait que nous appartenons au genre humain,
- Une nature sexuelle,
- Une nature individuelle.

La nature générique est que nous sommes des animaux – car nous sommes des animaux – et, comme le dit Aristote : « des animaux raisonnables », c'est-à-dire au sens où nous nous servons de la raison pour penser, le mot signifiant ce qui caractérise notre différence spécifique par rapport aux animaux. « *Logos* » a le sens de « pensée » et de « discours », de « parole ». Rappelons-nous le début de l'Évangile de S. Jean : « Au commencement était le Verbe », le *Logos*, la parole. Dire que l'homme est un animal pensant, c'est dire qu'il est un animal parlant et dire que l'homme est un animal parlant, c'est dire qu'il est un animal social. Il n'y a pas de parole sans société. Ainsi, toutes ces déterminations – pensée, raison, parole, société – définissent en partie la nature humaine : l'homme est le seul animal qui parle, et quand on parle du « langage des animaux », il s'agit d'une métaphore, d'une comparaison.

La nature sexuelle : de la même manière que la nature est ce qui nous est donné, nous ne pouvons exister autrement que comme être sexué. Nous avons des déterminations sexuelles qui ne se réduisent pas à des déterminations physiologiques, mais qui structurent aussi notre comportement psychologique, notre tempérament, notre manière de vivre. Nous avons une manière de vivre qui est liée à notre détermination sexuelle. De même que pour les déterminations génériques, nous devons apprendre à parler, nous devons apprendre à être homme ou femme. Ainsi, les langues ne sont pas naturelles, elles sont culturelles, mais la capacité de parler est naturelle : elle est informée par la culture, mais non produite par elle. De la même manière, chaque culture peut moduler, selon son code symbolique religieux, la manière d'être homme ou d'être femme, et il peut même y avoir des interventions ou des ratages : il n'y a pas de réussite absolue dans cet ordre de choses ; il y a des réussites relatives, provisoires, et il y a toujours des ratages. Dieu sait si la psychologie peut porter à notre conscience les éléments les moins conscients de ces ratages que subit toute éducation, éducation qui fait partie de notre être, car nous ne naissons pas complets : toute la culture humaine, toute la civilisation humaine tient au fait que nous naissons prématurément. Nous ne sommes pas finis, même sur le plan physique, corporel, nous avons besoin de l'éducation, de l'apprentissage. L'homme est par nature un être de culture. Et donc, il est clair que notre nature masculine ou féminine sera modulée par cette éducation de manière diverse.

La nature individuelle est la nature de chacun de nous ; elle n'est jamais entièrement faite, elle est toujours en train de se faire, de se transformer. Cette nature, c'est d'une certaine manière, notre destin, c'est ce qui nous est donné, que nous devons non seulement transformer, mais aussi accomplir, réaliser. C'est en quelque sorte notre tâche, ce qui nous avons à faire : nous avons à être ce que nous sommes.

Si nous nions ces déterminations de la nature humaine comme le font les existentialistes ou tout un aspect de la civilisation moderne, « l'industrialisme », « le constructivisme », alors tout est constructible. Ce qui caractérise la civilisation moderne en tant que telle est l'idée qu'exprime Descartes de « rendre l'homme maître et possesseur » de toutes choses, c'est-à-dire que nous pouvons tout construire, et nous vivons tous dans des villes où tout est construit, où il n'y a rien de donné : les murs, les maisons, même la nature sont construits. Ainsi, il n'est pas étonnant de constater que Marx, penseur de la civilisation industrielle, dise dans un de ses textes que la nature n'existe pas ; partout où vous regardez sur terre, vous trouverez l'œuvre de l'homme. Hélas, même l'Église nous parle toujours de « construire le monde » ; nous ne construisons pas le monde, car il est déjà là, devant nous. Comment construire le monde sans le détruire d'abord ?

C'est impossible, c'est pourquoi l'idéologie industrialiste, constructiviste est d'abord une destruction de toutes les données naturelles : tout ce qui est détermination naturelle doit être détruit, car, pour construire, il faut d'abord débarrasser, faire place nette. Quand il s'agit d'édifices, ce n'est pas très grave, mais quand il s'agit de l'homme, c'est différent, parce que, ou bien l'homme est quelque chose, ou bien il n'est rien, alors s'il n'est rien, je peux en faire ce que j'en veux, sinon je ne peux pas. Tous les problèmes de cette nature se ramènent à ce dilemme assez simple.

Mais l'*idéologie constructiviste*, animatrice du monde moderne, ne va pas dans ce sens, elle veut donc d'abord détruire la nature. Tant qu'il y aura une nature, la science se heurtera, dans son projet technologique, à un obstacle insurmontable : il y aura du mystère, de l'inintelligible, du donné. Ainsi, le corps devient le seul matériau sur lequel nous puissions travailler ; lorsque l'activité de l'industrie devient totale, universelle, tout devient matériau pour l'industrie et aujourd'hui, c'est le biologique, le corps, le fœtus, l'embryon... etc., qui sont des matériaux pour des expérimentations, des transformations, une ingénierie biologique qui se fonde sur la négation de tout caractère proprement humain : c'est donc un anti-humanisme.

3. *Métaphysique de la personne*

L'homme, l'être humain a une nature pensante, et la caractéristique de cette pensée est qu'elle se pense, elle est consciente d'elle-même, elle se saisit elle-même. Dans cette aperception du moi par lui-même, réside un fait, une évidence assez extraordinaire, une sorte de miracle dont nous avons du mal à nous rendre compte, car nous sommes, dans la pensée et dans la conscience de nous-même, dans notre milieu naturel. Ainsi, nous dépassons l'Animique et nous entrons dans le Spirituel. Nous sommes tous persuadés d'habiter notre corps, pourtant les sons, les couleurs, les sensations le traversent et dans tout cela, il n'y a que de la matière : où est l'esprit ?

Cependant, nous sommes dans l'esprit. Il y a donc là quelque chose, cette réalité de l'esprit, de la conscience de soi, que nous vivons, mais qui est supra-mondain, réellement métaphysique. Car métaphysique veut dire « au-delà de la nature ». Il y a dans l'esprit, dans la réalité de l'esprit, dans l'acte de l'esprit auquel nous participons tous, quelque chose de surnaturel ou de supranaturel : l'esprit est naturellement surnaturel. Il y a en chacun de nous quelque chose de surnaturel, une sorte de miracle dont nous ne trouverons l'équivalent nulle part dans le monde, même si nous allons aussi loin que possible. Il y a dans le Savoir, dans la Conscience, dans l'Esprit, quelque chose qui est proprement transcendant, métaphysique.

Or, par rapport à cette réalité de l'esprit dont nous faisons chacun l'expérience, le monde moderne se trouve dans une cécité effroyable. Il semble qu'aujourd'hui presque plus personne n'ait conscience de cette dimension transcendante en chacun de nous, de cette noblesse incalculable dont chaque être humain est porteur. Le monde moderne ne voit et ne veut voir que ce qu'il voit, il procède à une réduction, à une incarcération, c'est le camp de concentration universel. Le matérialisme foncier du monde moderne est la négation de ce qu'il y a de plus transcendant dans l'homme : c'est l'enfermement de l'homme, au nom de la liberté, dans ses déterminations historiques, sociologiques, physiologiques, neuronales. L'homme est irrémédiablement enfermé dans ses déterminations, alors que par rapport à ces déterminations, l'ordre de l'Esprit est quelque chose d'incalculable, d'incommensurable et, cependant, nous en faisons tous l'expérience, nous en sommes tous porteurs.

C'est là que nous accédons véritablement à « la personne », « ce qui sonne à travers » (« *personare* »), c'est ce qui veut se faire entendre, mais que nous ne voulons pas saisir. Chacun de nous est porteur d'un mystère qui est nous-même et que, cependant, nous ne pouvons pas saisir, car c'est lui qui nous saisit et c'est cela « la personne ». Ce mystère de la personne, nous ne le trouverons jamais, car ce que je suis est derrière et premier, plus radical que tout ce que je peux saisir dans l'ordre de la conscience ordinaire. Cette personne est véritablement un mystère et c'est ce qui fait de moi en être unique, autrement dit la personne est ce qui, en moi, *dépasse* la nature et même la nature humaine, même la nature sexuelle et même la nature individuelle. Je ne suis pas ma nature individuelle – mon tempérament mes capacités, mes qualités, mes défauts, mes limites, mon sexe, ma pensée –, ma personne est au-delà, transcendante.

Il y a donc une distance entre la nature ou les natures et la personne et cette distance est la liberté. Telle est la conception chrétienne de l'homme, telle que l'ont enseignée les philosophes et les théologiens : l'homme n'est pas soumis, ni identifié à sa nature, au contraire, tous affirment la transcendance de cette personne par rapport à cette nature. Nous avons une nature, nous ne sommes pas cette nature. La notion de personne, historiquement, est une découverte du christianisme, et c'est un fait de l'histoire des idées. Mais qu'est-ce qui fait que cette personne est unique ? Seule une relation avec l'Unique (Dieu) peut fonder l'unicité de ma personne.

CHAPITRE XII

Aperçu historique sur le terme de personne

Une bonne partie du vocabulaire philosophique est d'origine scolastique. Cette vérité de fait, souvent méconnue, concerne particulièrement les termes de personne, de substance, d'essence, ou d'hypostase. Mais au-delà de la scolastique, c'est l'élaboration théologique des premiers siècles du christianisme qui a conduit à préciser le sens de certains mots qui sont aujourd'hui d'usage courant.

Dans la terminologie constituée de la scolastique, une subsistence (*subsistentia*), c'est une personne ou encore une hypostase : trois dénominations à peu près synonymiques. Elles désignent toutes le sujet réellement existant, avec cependant quelques différences : l'hypostase désigne le sujet par rapport à ce qu'il reçoit en lui ; la subsistence désigne une manière d'être du sujet, savoir que le sujet subsiste, c'est-à-dire existe *en soi* et *par soi*, « exerce à son propre compte l'acte d'exister » ; la personne recouvre toutes ces notations. À ces nuances près, ces trois termes peuvent donc être considérés comme équivalents.

Pourtant, il n'en a pas toujours été ainsi. Cette terminologie est le résultat d'une longue histoire, et ce n'est qu'après des siècles de disputes et d'incompréhension que l'on parvient à une relative unification du vocabulaire de deux traditions, la grecque et la latine, qui se développèrent d'abord séparément. Unification relative, disons-nous, car si éloigné que soit un mot de sa signification originelle, il ne la perd jamais totalement. C'est le cas pour hypostase, mot d'origine grecque qui, bien que reconnu comme l'équivalent du latin personne, semble avoir gardé un sens un peu différent. Il nous faut donc retracer brièvement cette évolution, en étudiant chacune de ces traditions séparément. Commençons par la tradition grecque.

On sait que la philosophie grecque, à l'époque où le christianisme apparut, avait déjà depuis longtemps mis au point un vocabulaire précis que pourtant l'élaboration doctrinale du dogme ne pouvait pas toujours utiliser tel quel. Lorsqu'il s'est agi de désigner la nature ou l'essence divine – ou la substance –, disons la Réalité divine, les Grecs utilisèrent le terme consacré d'*ousia*.

Mais le problème se posait de savoir par quel terme on désignerait les Trois Personnes. Or, en grec, personne se dit *prosôpon*, et signifie premièrement « masque de théâtre », de même que *persona* en latin, avant de désigner la personne en général. S. Hippolyte, vers 215, emploie *prosôpon* pour l'appliquer aux Trois Personnes. Mais ce terme n'avait pas pour lui de caution philosophique. Il fait même partie de la langue vulgaire. Aussi, certains théologiens le jugèrent-ils trop peu digne. À cette vulgarité du terme s'ajoutait son imprécision. Il fallait en effet opposer aux hérésies naissantes des formulations aussi fermes que possible, et particulièrement à l'hérésie de Sabellius qui ne voyait dans les trois « Personnes » que trois aspects – aspect peut se dire *prosôpon* en grec – ou trois modes de l'essence divine, et non trois sujets incommunicables. On eut recours alors au terme d'hypostase. Origène, par exemple, l'emploie pour désigner les Personnes. L'Église elle-même ratifie ce choix au Concile d'Alexandrie, en 362, sous la présidence de S. Athanase et confesse : « trois hypostases d'une seule ousie », trois Personnes d'une seule essence (ou substance). Pourquoi avait-on choisi ce terme ?

Hypostasis ne semble pas faire partie du vocabulaire philosophique d'Aristote. On doit plutôt admettre que le mot est d'origine platonicienne puisqu'on le rencontre surtout chez Plotin qui se fait, vraisemblablement, l'écho d'une tradition plus ancienne. Il a alors le sens de « réalité objective », par distinction de ce qui n'est qu'une apparence.

Pourtant, c'est dans l'Écriture sainte que le mot se trouve attesté pour *la première fois* en un sens proprement technique : dans *l'Épître aux Hébreux*, le Fils est appelé *karacter tes hypostaseos*, empreinte de l'hypostase de son Père (I, 3). Il signifie alors : réalité, substance. Ce sens ne disparaîtra jamais tout à fait. C'est pourquoi on comprend les hésitations de certains Pères grecs : hypostase ne saurait caractériser les Personnes, puisqu'on peut aussi bien le dire de l'essence commune. L'essence est une hypostase, c'est-à-dire, une « réalité » autant que les Personnes. Quoi qu'il en soit, bénéficiant de la double caution philosophique et scripturaire, l'usage du terme, s'éloignant progressivement du sens de « réalité substantielle » tend à désigner à peu près exclusivement les Personnes jusqu'aux décisions du Magistère ecclésiastique qui consacre officiellement cette appellation.

Voyons maintenant la constitution du vocabulaire dans la tradition latine.

Contrairement à la tradition grecque, la tradition latine n'était pas en possession d'un vocabulaire philosophique propre. On sait que les grands écrivains de l'Antiquité romaine consacrèrent une partie de leurs efforts à élaborer une terminologie spéculative précise, en se réglant sur le modèle grec. Cicéron s'illustra avec génie dans ce travail. Entre autres termes, la philosophie de Platon et d'Aristote leur offre celui d'*ousia* qui n'a pas d'équivalent en latin. Comment le traduire ?

D'après Sénèque, Cicéron le premier l'aurait traduit par essence (*essentia*). S'excusant et se justifiant d'employer un néologisme, Sénèque écrit : « je désire, autant que possible avec le consentement de ton oreille, employer le terme *essentia*. Cicéron m'offre un précédent à l'égard de ce mot : bon garant, je suppose. [...]. En vérité, mon cher Lucilius, que se passera-t-il ? Comment sera rendu le concept *ousia*, la réalité nécessaire, la substance (*substantia*) où réside le fondement de toutes choses ? »[12]. Texte intéressant parce qu'on y trouve réunies les deux traductions latines de *ou-*

---

[12] Sénèque, *Lettres à Lucilius*, Livre VI, 5826, éd. *Les Belles Lettres*, t. II, p. 72.

sia : *essentia* et *substantia*. De ces deux traductions, la première *essentia* fut très peu employée. Quatre siècles après Sénèque, c'est encore un mot rare.

Quant à *substantia*, d'où venait-il ? La plupart des spécialistes s'accordent à y voir un décalque du grec *hypostasis* (*sub-stantia* = *hypo-stasis*). Les Pères latins héritèrent tout naturellement du vocabulaire des philosophes latins, si bien que pour eux il est absolument certain que par *hypostasis* il faut entendre la substance. Appliqué à Dieu, le terme ne peut donc que désigner l'Essence divine tout entière.

Telle est la cause essentielle des difficultés considérables qui s'élevèrent entre Grecs et Latins lorsqu'on en vint à comparer les formulations trinitaires. Affirmer que dans la Trinité il y a trois hypostases pour une oreille latine c'est affirmer qu'il y a trois substances, c'est-à-dire trois réalités divines et donc trois Dieux. C'est du trithéisme et donc c'est hérétique. On divise l'unique essence divine, on sépare Dieu de Dieu, on tombe dans l'arianisme qui fait du Christ un dieu d'une autre nature que Dieu.

S. Jérôme est le témoin le plus illustre de cette longue discorde. Ne pouvant accepter l'expression : trois hypostases, il en appelle au pape Damase : « Décidez, je vous prie, s'il vous plaît, et je ne craindrai pas de dire trois hypostases. Ordonnez, et que l'on fabrique une nouvelle foi après Nicée, une foi qu'orthodoxes et ariens confessent dans les mêmes termes. [...]. Quiconque dit qu'il y a trois choses, qu'il y a trois *hypostases*, c'est-à-dire trois ousies (essences ou substances), s'efforce, sous un nom accepté par la piété, d'affirmer trois natures. » Ce texte date de 376, il vient après le Concile qui consacrait pourtant l'équivalence d'hypostase et de personne. Devant de telles résistances, on conçoit aisément que l'œuvre de pacification fut malaisée.

Cette œuvre, nous la devons d'abord à S. Athanase, mais aussi et surtout à ceux qu'on appelle les Pères Cappadociens (S. Basile, S. Grégoire de Nysse et S. Grégoire de Nazianze). « Il faut en finir avec cette ridicule querelle, élevée entre frères, comme si notre religion consistait dans les mots et non dans les choses »[13]. Ces paroles, prononcées au 1ᵉʳ concile de Constantinople, portèrent leur fruit. L'équivalence de personne et d'hypostase fut reconnue par tous et consacrée réellement par l'usage qu'en firent plusieurs conciles ultérieurs. En particulier, à l'occasion du 2ᵉ concile de Constantinople (553), la papauté fut amenée à préciser explicitement « *personam sive subsistentiam, quam Graeci hypostasin dicunt* » « personne, c'est-à-dire subsistence, que les Grecs appellent hypostase ».

Cependant, une fois cette équivalence reconnue, il restait encore une ambiguïté de vocabulaire : on pouvait assurément transporter le mot *hypostasis* tel quel du grec au latin, mais il devenait à coup sûr impossible de continuer à le traduire par *substance (substantia)*.

C'est alors qu'apparut la nécessité d'un néologisme qui traduisît hypostase dans le nouveau sens que lui avait conféré son usage théologique, c'est-à-dire celui de personne. C'est à quoi servit le terme de *subsistentia,* subsistence. On a vu ce terme apparaître dans le texte que nous venons de citer. Il était sans doute d'un usage plus ancien. Mais l'important est de comprendre que, recevant la caution papale, son emploi échappait à toute contestation. C'est ce qui advint. Et le terme fut ratifié par toute l'histoire ultérieure de la théologie.

Subsistence et personne sont synonymes parce que la personne est vraiment subsistante. Il est peut-être regrettable, pensons-nous, que le terme de subsistence ait, par la suite, perdu le sens concret de personne (qui est celui des Conciles) pour désigner plus abstraitement une manière d'être de la personne. Quoi qu'il en soit, selon la définition de S. Thomas, subsister se dit de ce qui existe en soi-même et non en autre chose[14].

On sait à quelle fortune était promis le terme de personne, et quelle charge philosophique lui était conférée, puisqu'il désigne au-

---

[13] S. Grégoire de Nazianze, *Orat.*, XLII, n° 16, P. G., t. XXXVI, col. 476-477.
[14] S. Th. I, q. 29, a. 2.

jourd'hui le sujet humain dans la réalité de son être propre et conscient, et sa dignité la plus haute. Combien savent encore que cette signification est d'origine purement chrétienne et qu'elle s'appliqua d'abord aux trois hypostases divines ?

CHAPITRE XIII

Révolte et morale

Le thème de la révolte, conjugué maintes fois avec celui de la révolution, a pris une place prépondérante dans la philosophie contemporaine. On peut même dire qu'il a tendance à absorber toutes les valeurs morales, comme s'il en était le foyer. Si l'on quitte le terrain proprement philosophique, on constate que la révolte apparaît aussi spontanément comme la seule attitude vraiment éthique. Elle est purificatrice et vertueuse par nature. L'homme y sent son existence rachetée et justifiée. Mais ce qui est évident pour l'instinct moral de nos contemporains ne l'est peut-être pas en soi. C'est ce que seule une analyse objective permettra d'établir.

1. *L'homme révolté : méfions-nous de Camus !*

On sait trop que l'écrivain Albert Camus a mis la révolte au centre de sa réflexion. L'extraordinaire succès d'une œuvre littéraire pourtant fragile, et qui restera surtout comme un intéressant témoignage sur notre temps, fit bénéficier les idées « philosophiques » de son auteur d'un crédit qu'elles ne méritaient pas tout à fait. *L'Homme révolté* n'est pas un livre philosophiquement très sérieux, non plus que le *Mythe de Sisyphe*. Les bons sentiments, même les plus généreux, ne font pas nécessairement de la bonne philosophie. Au demeurant, il y avait bien de la pose, peut-être inconsciente, dans ce rôle de la « belle âme » et de la « conscience malheureuse », que Camus avait décidé de jouer, mais qui répondait aussi à la vérité de son être. C'est pourtant dans ce climat très affectif qu'apparaît le problème de la révolte. Et c'est Camus, avec toutes ses contradictions et son talent, qui en fournit la meilleure expression. Sans originalité donc[15], et sans profondeur, il a donné une forme littéraire à des sentiments, plutôt qu'à des idées, extrêmement répandus. Saluons sa mémoire, et tâchons de mettre ses sentiments en forme philosophique.

2. *La révolte serait morale par essence*

Pourquoi se révolte-t-on ? Parce que nous avons le sentiment qu'une valeur morale a été méprisée. On pourrait objecter qu'il n'en va pas toujours ainsi, et que, dans bien des cas, c'est un motif tout à fait intéressé qui nous fait nous révolter. Lorsque, par exemple, nous nous révoltons contre un ordre, l'égoïsme, la paresse, l'avidité peuvent nous y pousser. Cependant, parce que la révolte demande un effort de notre part, il faut bien que cet effort en vaille le prix, il faut bien que ce soit, d'une manière ou d'une autre, au nom d'une valeur qui prime toute autre considération. Se révolter, c'est se dresser contre. Le mot évoque l'idée de verticalité, et donc d'une certaine transcendance. Or, la transcendance est le propre de la valeur morale. Ne vaut moralement que ce qui dépasse tout état de fait. La révolte est donc la réponse même de mon existence à la transcendance de la morale. La preuve en est qu'on dira tout aussi bien d'une révolte qu'elle exprime toujours une indignation morale. Elle correspond donc au sentiment de la dignité de la valeur, quelle que soit par ailleurs cette valeur.

3. *La morale est une révolte*

Du moins n'est-il pas impossible de s'exprimer ainsi, si l'on considère qu'elle se dresse toujours, en quelque façon, contre la nature, c'est-à-dire contre le donné, l'état de fait, l'ordre établi. On sait du reste que la morale ne se fonde pas sur la nature.

Kant a fait de ce caractère antinaturel du devoir, le critère même de la pureté de la bonne volonté. Sans aller jusque-là, sans poser que le devoir, ou plutôt l'exigence morale, va nécessairement dans son accomplissement, contre toute tendance naturelle, force

---

[15] Il nous semble que son livre *La Peste* est littérairement très inférieur au *Hussard sur le toit*, de Jean Giono, qui traite d'une question analogue.

est de reconnaître que l'ordre de la morale, parce qu'il s'impose à la nature, échappe dans son principe à l'ordre de la nature. D'un certain point de vue, du point de vue de sa transcendance, la morale, c'est l'anti-nature par définition constitutive. C'est déjà ce que nous disions précédemment : la transcendance est le propre de la valeur morale. Et même si l'on admet que cette transcendance n'est pas tant opposée à la nature qu'elle en est distincte, ce qui est très vrai, il s'en faut cependant qu'elle n'entre jamais en conflit avec l'ordre des faits, parce qu'il n'y a pas de distinction qui ne puisse, le cas échéant, se transformer en opposition. Qu'on n'aille pas s'imaginer qu'une morale de type nietzschéen infirmerait notre analyse. Le prophète de l'Antéchrist lui-même refuserait une telle interprétation. Sa morale n'est pas une revendication de la nature comme telle contre les valeurs de l'éthique chrétienne, mais une destruction des valeurs les plus naturelles, de ce qu'on appelle parfois la morale naturelle, au nom de la volonté de puissance. Quoi de plus antinaturel que le surhomme que doit nous enseigner Zarathoustra ?

L'emploi de l'expression de morale naturelle ne doit pas non plus surprendre après ce que nous avons dit sur le caractère antinaturel de la morale, d'abord parce que nature se dit ici par distinction avec la surnature, ensuite parce que, tout en étant inscrite en quelque sorte dans la nature humaine, cette morale ne laisse pas cependant de la contraindre. Il n'est pas jusqu'au récit du péché originel qui ne confirme cette thèse, en plusieurs sens que nous n'évoquerons pas ici, mais au moins en ce sens que la connaissance morale du bien et du mal est le fruit d'une révolte.

Cet exemple précisément montre bien tout ce que la thèse a d'ambigu. Nul doute que le péché originel soit une révolte, nul doute que l'homme révolté éprouve en son cœur une grande certitude de pureté et de vertu. Ainsi que nous le disions plus haut, il se sent justifié d'exister. Mais il est non moins évident, envisagée objectivement, que la révolte peut être destructrice de toute morale. Dans le *Gorgias*, Platon nous montre Calliclès prônant la violence en face de Socrate. Il est très remarquable que Socrate ne parvient pas à convaincre Calliclès qui, finalement, se retire de la discussion.

C'est peut-être l'un des très rares exemples d'un échec de Socrate. Quoique les raisons de Socrate semblent bien proches de la raison toute pure, Calliclès pourtant les refuse, non pour une raison déterminée, mais plutôt pour la seule raison qu'il a toujours la liberté – le pouvoir – de s'opposer à la raison. Est-ce là la révolte dans sa forme pure ? C'est ce qu'il nous faut maintenant nous demander.

4. *La révolte pure*

Perplexité. N'est-ce pas le terme qui est de mise ? Nous savons bien, au fond de nous-mêmes, qu'on ne peut fonder une morale sur la révolte, sinon en manière de paradoxe. Nous accordons que la révolte, subjectivement, peut être morale. Nous poussons la bonne volonté jusqu'à reconnaître que la morale, objectivement, peut être une révolte.

Et puis nous nous apprêtons à exécuter un mouvement tournant afin de dépasser le paradoxe, lorsque nous tombons sur un autre paradoxe : celui du péché originel, ce qui signifie que la morale est bien le fruit de la connaissance du bien et du mal, et c'est bien la révolte qui permet d'accéder à cette connaissance, mais cette révolte, n'est pas révolte contre la nature, elle est révolte contre Dieu. Révolte et morale ne sont-elles pas liées beaucoup plus profondément que nous ne le croyons ? D'où vient cependant notre répugnance instinctive à fonder la morale sur la révolte ? N'est-ce pas que la morale nous apparaît toujours comme une chose belle et noble – ce langage dût-il faire sourire – tandis que la révolte, liée à l'idée de violence, peut revêtir parfois des aspects cruels et ignominieux ? Ne convient-il donc pas d'analyser plus profondément l'idée de révolte et celle de morale ?

5. *Recherche de la révolte dans sa forme pure*

Nous avons évoqué, à propos de Calliclès, l'idée de liberté et nous y avons ajouté celle de pouvoir. Nous pensons en effet que la révolte est l'acte d'une liberté qui prend pour fin son propre pouvoir. Mais pour bien saisir cette conclusion, il nous faut considérer la révolte dans sa réalité. Se révolter, c'est se dresser contre, avons-nous dit.

Comment peut-on se dresser contre ? La question n'est pas oiseuse en effet, car la révolte étant constituée par une opposition, il s'ensuit que celui qui s'oppose n'est plus soutenu par les valeurs qu'il combat, puisqu'il les nie, ni par celles qu'il veut promouvoir, puisqu'elles n'existent pas encore. Il n'est soutenu par rien. Il y a dans la révolte un moment inévitable de pure solitude, où la subjectivité est livrée tout entière à elle-même. Se révolter, c'est rompre avec un ancien état de choses, c'est donc refuser de s'appuyer sur lui, d'en faire la règle de sa vie, de se laisser porter par lui, de le laisser parler et agir en soi. Qui peut refuser cela ? Sont-ce les nouvelles valeurs morales ? Non, les valeurs ne vivent et n'agissent qu'à travers le sujet humain. Est-ce précisément le cas ici, et l'homme révolté est-il vraiment porté par ces valeurs nouvelles ? Ne l'accordons pas trop aisément. Si les valeurs morales auxquelles il décide d'adhérer sont vraiment nouvelles, cela implique que rien, dans l'Ancien Monde, ne pouvait en donner l'idée. C'est là une vérité quasi axiomatique. L'homme présent est le fruit du passé, non de l'avenir. En se révoltant, il ne s'oppose pas seulement à des valeurs intemporelles qu'il juge fausses ou aliénantes, il s'oppose aussi et surtout au Passé comme tel, à la tradition. Qui donc peut se révolter, sinon le sujet comme tel. Et quelles que soient les raisons de sa révolte, elles sont secondes par rapport à la volonté libre qui affirme son pur pouvoir et qui en jouit.

Le moteur premier de la révolte, ce ne sont pas les valeurs nouvelles, mais la jouissance d'une subjectivité libre qui s'affirme. *Toute révolte exhibe le moi*. Le témoin privilégié de cette affirmation du moi dans la révolte est Descartes. Pas de révolte plus radicale, dans l'ordre intellectuel, que le doute hyperbolique. Mais quelle certitude peut donc demeurer, sinon celle du moi qui doute ?

6. *La révolte n'est pas morale par essence*

On doit comprendre maintenant que la révolte, envisagée dans sa forme pure, se situe en dehors du champ de la morale. Dans la réalité intrinsèque de son vouloir, elle se définit comme négation de toute valeur morale, c'est-à-dire comme un refus d'obéissance, car le propre de la valeur morale n'est pas tant son idéalité que son impérativité : elle commande. Il nous semble que Platon ne dit rien d'autre au livre IV de la *République*. Toute la vertu et toute la justice consiste dans la hiérarchie, et toute la hiérarchie consiste dans la soumission du courage à la raison, de la force à la sagesse, du guerrier au « philosophe ». La force de la force c'est précisément de pouvoir se soumettre.

D'où vient alors cependant le sentiment propre à la révolte d'une sorte de justification morale ? Si la révolte, comme nous l'avons dit, n'est pas essentiellement le refus de telle ou telle valeur, mais le refus d'obéissance, la contestation du caractère impératif de toute valeur morale, n'y a-t-il pas dans la morale elle-même quelque chose qui justifie ou du moins qui rend possible cette contestation ?

7. *Ambiguïté de la morale : idéalité et impérativité*

On peut admettre, pensons-nous, que le caractère ambigu de la morale découle de la dialectique de l'idéalité et de l'impérativité. La morale présente nécessairement les valeurs comme des idéaux, c'est-à-dire comme des perfections, ou encore comme de « pures vérités d'être ». Comme telles, les valeurs morales nous servent de normes appréciatives pour juger d'une manière d'être humaine par comparaison avec une manière d'être idéale. La sphère de la moralité est, pour l'homme, celle de la pureté, de la beauté, de tous les accomplissements. Elle semble proposer à l'homme la possibilité d'une inaltérable perfection, elle fonde son droit à y rêver, elle lui en donne le désir et le justifie d'y aspirer. Dans ce « royaume des fins » dont parle Kant « tout n'est qu'ordre et beauté, luxe, calme et volupté ».

Par ailleurs, la valeur morale commande, ordonne, impose. En tant qu'elle concerne quelque chose, qu'elle n'est pas pure idéalité, pur objet de contemplation, qu'elle entre dans le « royaume de l'existence », ce qu'elle concerne, c'est notre imperfection, notre laideur, notre impureté, qu'elle présuppose nécessairement comme la condition même de son application. Il n'y a pas de morale pour les parfaits. Il y a donc, sinon une contradiction, au moins une tension dialectique entre ces deux pôles de la morale, dont aucun n'est réductible à l'autre. Ce que la morale propose à l'homme, elle le lui impose également. Et l'imposer à l'homme c'est l'enfermer nécessairement dans la sphère de l'imperfection, de l'impureté et du mal. Supposer qu'il n'en soit plus ainsi, c'est nier la morale. Le commandement ne peut s'adresser à l'homme qu'à condition que son existence ne soit pas conforme à son essence, et il est commandement aussi longtemps qu'il en est ainsi, mais pas plus.

8. *Il n'y a pas de pure morale*

Aucune philosophie n'a porté la morale à un plus grand degré de pureté que ne l'a fait la doctrine de Kant. C'est lui surtout qui a contribué à conférer à la sphère de la moralité un caractère quasi divin, en recherchant l'essence pure de la morale. Mais précisément, c'est là le mensonge fondamental, parce qu'il ne peut y avoir de moralité pure ou absolue. Du point de vue strictement moral, comme nous pensons l'avoir montré, le bien et le mal s'impliquent réciproquement, et sont irréductibles l'un à l'autre. La sphère de la moralité est nécessairement duelle, elle est constituée en elle-même par une tension dialectique que rien ne peut apaiser, à moins d'abolir la morale elle-même. La moralité souffre en elle-même d'une imperfection essentielle. Si l'idéalité de la valeur morale était aussi parfaite et aussi pure que semble le prétendre la morale, elle n'aurait pas besoin de s'imposer comme un devoir. Ni le beau, ni le vrai ne présentent ce caractère de contrainte. Même si j'en ai le sentiment, un peu de réflexion suffit à me montrer qu'il n'en est rien. Mon intelligence ne peut pas ne pas assentir au vrai, en tant bien sûr qu'elle est purement elle-même, exactement comme un miroir bien nettoyé reflète inévitablement la lumière.

Mais le bien ne détermine la volonté qu'en tant qu'elle y consent et donc qu'il l'oblige. Toutes les raisons de la terre et du ciel sont impuissantes à ouvrir une volonté qui dit non. Il est remarquable de constater que Kant n'a pas fait consister la pureté de la morale dans son idéalité, mais dans son impérativité. Or c'est là une contradiction pure et simple. C'est pourquoi la révolte est possible et qu'elle se sent fondée dans sa révolte même. Elle dit à la loi morale : *quel est ton droit à me contraindre ?* Et elle le dit en se fondant sur une exigence éthique que la morale elle-même lui a enseignée par sa propre idéalité. Si le droit de la loi morale était absolu, il ne serait jamais un devoir.

Comment donc peut-on affirmer que la forme parfaite de la loi morale est celle de l'impératif catégorique ou universel ? Tout impératif est hypothétique par définition, parce qu'il implique l'hypothèse qu'il y a quelqu'un à qui il s'applique. Ou bien alors, nous sortons de la sphère de la moralité. En tant que la valeur morale est absolue, elle est idéalité pure. Mais elle usurpe cette absoluité en la conférant à son impérativité. C'est contre cette usurpation que s'élève la révolte, c'est contre cette ambiguïté que la révolte proteste. Mais cette protestation est-elle efficace ?

9. *Au-delà de la morale*

Si la révolte est la rançon de l'ambiguïté de la morale, représente-t-elle pour autant la seule réponse possible à cette ambiguïté ? Il nous semble avoir montré qu'il n'en était rien. La révolte échappe bien à la sphère de la moralité, mais, si l'on peut dire, par en bas. On ne peut pas réellement surmonter cette ambiguïté si on ne l'a pas saisie dans sa véritable nature, si on ignore la véritable *genèse de la morale*.

Que la révolte ignore la vraie nature de la morale, c'est ce que toute notre analyse a montré implicitement. Peut-être faut-il maintenant l'exprimer plus clairement, encore que ce ne soit pas facile. Il n'y a révolte que lorsqu'il y a méconnaissance du caractère relatif de la morale.

Sans doute le kantisme a-t-il beaucoup contribué à cette méconnaissance, et l'on observera qu'il n'y a pas de véritable révolte contre la morale, avant l'apparition de Kant. Ni le libertinage, ni le scepticisme ne peuvent être considérés comme des révoltes. Mais on peut être assuré que l'absolutisme moral de Kant a engendré la révolte aussi sûrement que la tyrannie engendre l'anarchie, et réciproquement. Lorsque le caractère inévitablement contradictoire de la morale est encore perçu consciemment parmi les hommes, la révolte est impossible parce qu'on sait que les choses ne peuvent aller autrement. Lorsque la morale est érigée en absolu, du même coup la contradiction constitutive est également portée à l'absolu, et devient insupportable. Mais, bien sûr, cela n'est possible que parce *qu'il n'y a plus rien de supérieur à la morale*, c'est-à-dire parce qu'il n'y a plus de religion.

La révolte est donc tout à fait impuissante à ruiner l'absolutisme moral, puisqu'au contraire, elle le suppose comme la condition de son apparition. Elle ne fait qu'y opposer l'absolutisme de la subjectivité libre, qui s'appuie sur la négation de la morale comme sur son meilleur soutien. C'est en cela que réside ce lien profond entre morale et révolte sur lequel nous nous interrogions précédemment. Échappant, par sa négation même, à la sphère de la moralité, la révolte laisse, en quelque sorte, la morale en dehors de sa négation. Elle n'est qu'une morale inversée, une impérativité sans idéalité.

Dans la morale, l'impérativité découle de l'idéalité : il faut le faire parce que c'est bien. Dans la révolte, l'idéalité découle de l'impérativité : la valeur de la révolte, c'est sa force.

Cependant, il y a un lien encore plus profond entre révolte et morale, et c'est ici que, dépassant la sphère de la moralité, nous pouvons envisager une véritable *généalogie de la morale*, dont celle de Nietzsche n'est que la caricature. Pour comprendre vraiment la relativité de la morale, il faut disposer d'un point de vue supérieur à la morale. Ce point de vue ne peut être que celui de la religion et de la métaphysique.

Comme déjà nous l'avions laissé entrevoir, c'est au récit de la chute originelle qu'il faut nous adresser. Si la révolte est le fruit de la morale, c'est que, plus profondément, la morale elle-même est le fruit d'une révolte initiale. Ce qui est détruit par le péché originel, qui est l'origine de tout péché, c'est l'ordre même des choses, dans lequel et par lequel chaque chose pouvait être ce qu'elle est. À l'instant, cet ordre qui n'était que l'expression de la nature des choses, devient un ordre au sens d'un commandement, d'un devoir-être, parce qu'aucune chose n'est plus ce qu'elle devrait être. Il y a, au

Paradis, conformité de l'existence des choses à leur essence : l'ordre naturel c'est l'ordre des natures. Le péché – la révolte – est très exactement la destruction de cette conformité. Cependant, l'essence ou la nature des choses n'est pas détruite pour autant, sinon tout être serait anéanti. N'étant pas détruite, mais cessant d'être réalisée, elle se manifeste alors comme une obligation, contrainte, impérativité.

Si l'on demandait comment fut possible la révolte originelle, il faudrait répondre qu'elle constituait une possibilité de l'état paradisiaque lui-même, qui, n'étant pas Dieu, ne saurait être parfait, car « Dieu seul est bon ». Dès lors, la loi de la morale naturelle ne fait qu'indiquer le maximum de perfection compatible avec l'imperfection de la nature déchue et blessée. Loin de pouvoir être érigée en Absolu, elle représente le moindre mal.

Quelle que soit la force d'une révolte, quel que soit le sentiment qu'elle a de sa propre justification, elle est, par sa nature même, vouée à l'échec. Pour réconcilier l'essence et l'existence, il faut autre chose, il faut le sacrifice d'un Médiateur en qui l'essence fut faite existence, pour que l'existence devienne essence.

CHAPITRE XIV

Descartes ou le monde « ustensile »

« …sitôt que j'ai eu acquis quelques notions générales touchant la physique, et que, commençant à les éprouver en diverses difficultés particulières, j'ai remarqué jusques où elles peuvent conduire et combien elles diffèrent des principes dont on s'est servi jusqu'à présent, j'ai cru que je ne pouvais les tenir cachées sans pécher grandement contre la loi qui nous oblige à procurer autant qu'il est en nous le bien général de tous les hommes : car elles m'ont fait voir qu'il est possible de parvenir à des connaissances qui soient fort utiles à la vie ; et qu'au lieu de cette philosophie spéculative qu'on enseigne dans les écoles, on en peut trouver une pratique, par laquelle connaissant la force et les actions du feu, de l'eau, de l'air, des astres, des cieux, et de tous les autres corps qui nous environnent, aussi distinctement que nous connaissons les divers métiers de nos artisans, nous les pourrions employer en même façon à tous les usages auxquels ils sont propres, et ainsi nous rendre comme maîtres et possesseurs de la nature ».

DESCARTES, *Discours de la Méthode*, 6ᵉ partie

Il ne saurait être question, en présence d'un texte aussi célèbre, d'y découvrir du nouveau. Aussi bien son intérêt n'est-il pas de nous proposer une vérité philosophique, ou subtile, ou profonde, mais plutôt de rassembler les thèmes essentiels de la pensée scientifico-technicienne, en une seule phrase, et à une époque où la civilisation qui correspond à cette pensée commence seulement à naître.

1. Le sens du texte

La modestie n'est pas le fort de Descartes. Très assuré de son génie, il adopte le ton d'un maître conscient de sa supériorité sur ceux qui l'ont précédé.

Il nous semble qu'on peut distinguer dans ce texte les moments suivants :

• J'ai établi les sciences physiques, c'est-à-dire les sciences de la nature, sur des principes fermes et rationnels, des « notions générales ». Ces principes, qui sont ceux du mécanisme mathématique, je les ai appliqués à la solution de problèmes particuliers. Descartes ici fait allusion à ses travaux d'optique.

J'ai constaté deux choses : d'une part que la fécondité des applications particulières était considérable, et d'autre part que ces notions générales différaient beaucoup des principes de l'ancienne physique, c'est-à-dire de la physique aristotélicienne. N'oublions pas en effet que l'adversaire, pour Descartes, c'est Aristote.

• Une telle découverte me crée une obligation *morale*. Cette justification de la science par la morale est tout à fait caractéristique d'une mentalité moderne. Cette obligation morale est celle de la diffusion des vérités bénéfiques pour le genre humain : les cacher serait un péché grave.

• En effet, ces connaissances physiques ont un intérêt *pratique* immédiat : elles peuvent changer la vie des hommes. Passage très curieux : Descartes ne dit pas qu'il va substituer une nouvelle philosophie spéculative à une ancienne philosophie spéculative, qui est pour lui la philosophie scolastique, mais qu'il va la remplacer par une philosophie pratique. Pratique ici signifie : qui concerne l'action de l'homme sur le monde ; il s'agit, comme le montre la suite du texte, d'une philosophie de l'âge technique. Au fond il veut remplacer la philosophie – tout court – par la technologie ! Il est alors très proche d'un certain pragmatisme anglo-saxon.

• Voici maintenant la définition positive de cette philosophie pratique. Redoublons d'attention : elle est fondamentale. On enseigne communément que, pour la science moderne, les mises au point théoriques précèdent les applications pratiques. Mais Descartes conçoit les choses un peu différemment. Il faut se souvenir de la distinction faite plus haut entre les *notions générales*, qui sont premières évidemment, et les *applications*. On sait du reste que Descartes est plutôt un physicien déductif, qui construit le monde *a priori*, à partir des exigences de la raison. Mais les applications ne sont pas de pures et simples conséquences de la physique théorique. Pour effectuer ces applications, le philosophe pratique ne se guide pas sur le modèle théorique, il se guide sur le modèle technique : « connaissant les actions […] de tous les […] corps qui nous environnent, *aussi distinctement que nous connaissons les divers métiers de nos artisans*, nous les pourrions employer en *même façon* à tous les usages auxquels ils sont propres… ». Ici le modèle technique est premier. Descartes met donc en parallèle d'une part l'action technique des artisans qui usent de leurs outils, dont le fonctionnement est parfaitement clair et distinct, et d'autre part la connaissance des modes d'action des forces naturelles. Cette connaissance doit être telle qu'elle rende possible l'utilisation de ces forces à notre profit.

• Enfin, la conclusion résume toute la thèse : *rendre l'homme comme maître et possesseur de la nature*.

2. L'univers est l'outil de l'homme

• *Nous sommes en présence des quatre points suivants*. 1. Révolution dans les principes physiques ; 2. Justification morale de la diffusion de la science ; 3. Substitution de la philosophie pratique à la philosophie spéculative ; 4. L'explication scientifique se règle sur le modèle technique. Arrêtons-nous un instant sur ce dernier point.

• *Le mécanisme*. Il s'agit en effet d'une identification entre explication et mécanisme. Expliquer c'est reconstruire *la machine physique* qui produit les effets constatés par nos sens. Cette identification est devenue conceptuellement tellement habituelle que, pour nous, découvrir l'explication, c'est découvrir le mécanisme. Mécanisme est alors synonyme d'explication. C'est ainsi que nous parlons indifféremment du mécanisme de la mémoire, de la reproduction des angiospermes, des crises économiques, ou de la désintégration nucléaire. Or il y a là une pétition de principe, car rien ne prouve que le modèle mécanique soit applicable aux phénomènes que nous venons de citer. Tout montre même qu'il n'en est rien. Qu'est-ce qu'implique en effet le modèle mécanique ? Une machine est essentiellement un dispositif d'éléments articulés, solidaires les uns des autres, de telle sorte qu'au mouvement d'un élément correspond nécessairement le mouvement d'un ou de plusieurs autres éléments, en vue de produire un effet déterminé. Notre définition ignore la cause motrice, ce que Pascal parlant de Descartes, appelait « la chiquenaude initiale ». C'est que la cause motrice peut varier indéfiniment. Selon un tel modèle, expliquer revient à découvrir l'articulation des éléments physiques qui, agissant les uns sur les autres par contact de proche en proche, produisent le phénomène à expliquer. Disons tout de suite qu'il y a une foule de phénomènes, *même d'ordre physique*, pour lesquels il est impossible de déceler aucun contact de proche en proche. L'un de ces phénomènes n'est autre que la gravitation universelle, et l'on sait que les cartésiens du XVIIIe siècle s'opposèrent farouchement aux newtoniens. On peut ajouter que, pour la physique moderne, le déterminisme mécaniste n'est qu'une *pure apparence statistique.*

• *L'outil mécanique.* Notre définition de la machine insiste surtout sur la cohésion réciproque des éléments ; mais elle comporte aussi une note terminale : « en vue de produire un effet déterminé ». La machine en effet, dans sa fin, est un ustensile, un outil. Tout ce qui concerne le dispositif n'a de sens qu'en vue d'une utilisation intéressée. Il peut exister des machines qui ne servent à rien, mais ce n'est là qu'une possibilité purement marginale. C'est un luxe de l'intelligence – ou de la sottise. Ce qui est vrai de la machine, l'est également, en physique cartésienne, du mécanisme scientifique. Le monde, ou la nature, est considérée comme une machine, parce que ce monde est aussi considéré comme l'outil de l'homme. C'est l'artisanat cosmique, si l'on ose risquer une pareille expression. Le feu, l'eau, l'air, les astres, les cieux et tous les autres corps deviennent pour le physicien autant d'instruments de production. Le monde c'est l'usine universelle dont le savant est l'ingénieur. On peut alors se demander si la question du désintéressement spéculatif de la science a encore un sens. Nous ne le croyons pas et Descartes non plus. Le seul but de la science moderne n'est pas un but de connaissance, mais un but pratique : « science d'où prévoyance, prévoyance d'où action ». Cette formule d'A. Comte est parfaitement exacte. Rendre l'homme maître et possesseur de la nature, non point connaisseur ou contemplateur. On peut estimer que c'est un bien, mais au moins faut-il avoir la sincérité de le reconnaître. Il est bien évident que l'aspect de connaissance n'est pas totalement absent de l'entreprise scientifique. Mais il est non moins évident que cet aspect ne peut qu'entrer en conflit avec la physique mécaniste. C'est justement ce qui se produit aujourd'hui.

3. *Conclusion*

Le cartésianisme lui-même témoigne de cette dualité. Sa métaphysique, qui devait fonder sa physique, s'en est en réalité détachée pour devenir un objet culturel, un chapitre de l'histoire de la philosophie propre à exercer l'intelligence des futurs philosophes. Être cartésien est-ce adhérer aux thèses sur le doute, le *cogito*, la substance pensante, Dieu garant de la validité permanente d'une évidence rationnelle, etc. ? Non. Être cartésien, comme l'a été le XVIIIe siècle, athée ou déiste, c'est participer à un certain esprit qui entend détruire la religion et la philosophie spéculative pour construire la civilisation industrielle. Ce n'est même pas adhérer à la physique cartésienne qui, chacun le sait, ne valait pas grand-chose. C'est exactement le jugement que d'Alembert porte sur Descartes dans sa préface à l'Encyclopédie de Diderot, préface que l'on a nommée la « Marseillaise des Lumières ».

Au fond, ce texte pose le problème fondamental de notre civilisation : le sens de l'homme est-il dans le perfectionnement indéfini de sa puissance technique ? Qu'on ne s'y trompe pas, l'entreprise technicienne absorbe et absorbera de plus en plus la *totalité* des énergies humaines. Il faut choisir : on ne peut à la fois rendre l'homme maître et possesseur de la nature, et lui faire comprendre que « les cieux et la terre célèbrent la gloire de Dieu »[16].

---

[16] Rappelons que le commandement « Remplissez la terre et soumettez-la » est antérieur au péché originel. Il vaut pour le Paradis.

CHAPITRE XV

LA LEÇON DES CHOSES

La connaissance scientifique est fondée sur la méthode expérimentale. Celle-ci semble réaliser, aux yeux de nos contemporains, la perfection du savoir, puisqu'elle met en jeu à la fois les données des sens, plus ou moins augmentés par les instruments d'observation, et l'activité de la raison. La science, dit-on, est fondée sur des faits, et nul ne peut douter des faits. Or Jaspers nous invite à mettre en doute cette conception en affirmant « tout fait est déjà théorie ». Qu'est-ce à dire ?

1. *Le scientisme naïf*

• *La leçon de choses.* Il existait autrefois, dans les classes de l'enseignement primaire, des leçons de choses. On montrait aux élèves des faits et l'on pensait ainsi les mettre en contact direct avec la réalité. C'est la réalité elle-même qui nous parlait, et qui nous enseignait ; les choses nous donnaient une leçon. À vrai dire, cette leçon n'était pas toujours entendue. Du moins avait-on l'impression d'être chimiste à peu de frais.

• *Le savant M. Paganel.* Jules Verne nous a familiarisés avec le type du savant observateur. Une loupe à la main, il observe toutes choses. Doué d'une curiosité universelle, il moissonne des milliers de faits. Et puis, il en tire des découvertes. L'observation est d'ailleurs considérée par Cl. Bernard comme le premier moment de la méthode expérimentale.

• *L'observateur déçu.* Pourtant, une constatation s'impose. Nous sommes des millions à regarder chaque jour la nature. S'il suffit d'observe des faits pour faire des découvertes, pourquoi ne sommes-nous pas des découvreurs ? Je vois la pluie tomber, le soleil briller, l'arbre grandir vers le ciel. Je vois des milliers de faits et je n'en tire rien. Pourquoi ? Est-ce seulement que je manque de génie ? Ou de culture scientifique ? Sans doute. Mais tous les scientifiques ne sont pas non plus des génies ou des puits de science. Alors ?

2. Qu'est-ce qu'un fait pour la science ?

• *Le fait brut.* On peut désigner par là les données des sens telles que nous les vivons. Dans ce cas, il est bien évident, mais on l'oublie trop souvent, que nous n'avons pas affaire à un fait scientifique. Le donné vécu est un objet pour l'homme ordinaire et aussi pour l'artiste. Y a-t-il meilleur observateur qu'un peintre ou un poète ? Mais, précisément, la vigueur, la plénitude, la richesse des impressions sensibles absorbent toute l'activité humaine. Nous sommes alors conduits peut-être à la contemplation esthétique ou même religieuse. Mais nous ne pouvons rien en tirer pour la science. La richesse concrète de l'univers sensible paralyse l'activité scientifique.

• *Le cabinet philosophique de Malebranche.* Au début d'un de ses livres, le philosophe Malebranche, entreprenant de rechercher la vérité, invite ses interlocuteurs à quitter les « riantes campagnes », et le soleil visible, pour s'enfermer dans un cabinet philosophique où seul brillera le Soleil intelligible de la Vérité. Le savant doit faire de même. Il doit, d'une certaine manière, fermer ses yeux de chair et ouvrir ceux de sa raison, c'est-à-dire refuser le chatoiement des formes sensibles. Dès lors, pour lui, le fait, ce n'est ni l'événement historique, ni le donné sensible. Qu'est-ce donc ?

• *Le fait, c'est l'objectif.* Le regard du savant, pourrait-on dire, est un regard abstrait. Ce qui intéresse Torricelli, ce n'est pas la forme des pompes, la couleur de l'eau, sa force jaillissante, *c'est un principe (ou une loi) physiquement réalisé.* Un principe, une loi, sont des réalités d'ordre rationnel, et donc qui peuvent ne valoir que pour un être rationnel. L'ordre de ma raison est-il l'ordre du monde ? Or, dans le fait scientifique, ce que *voit* le savant, c'est la réalité physique, donc objective, d'un principe rationnel. C'est pourquoi il est si difficile, et la plupart des épistémologues sont d'accord de distinguer le fait de la loi. Les lois sont des faits. Mais les faits sont des lois, ou encore, comme dit Jaspers, des théories.

3. L'objet physique est un objet construit

• *La nature ne répond qu'aux questions qu'on lui pose.* Nous commençons à comprendre pourquoi il ne suffit pas d'ouvrir les yeux pour faire des découvertes scientifiques. En réalité, on ne voit que ce que l'on regarde. On n'observe que ce que l'on cherche. Le savant peut être particulièrement distrait, donc, semble-t-il, mauvais observateur. Mais il pense. Son esprit est orienté dans un *champ problématique*. Ce qu'il perçoit du fait, ce n'est pas le fait lui-même, mais c'est le rapport que ce fait entretient avec ce champ problématique. Que l'eau ne monte pas dans la pompe au-delà de 18 brasses n'est pas *en soi* un fait scientifique. Ce ne l'est que pour Torricelli.

• *Construire l'objet.* Le fait est déjà théorie assurément. Et c'est là le vrai fondement de la démarche scientifique. Mais encore faut-il que cette théorisation du fait soit possible. Qu'est-ce à dire ? Nous avons montré, au début de cette étude, que le regard du savant était un regard abstrait qui ignore les apparences sensibles : pour lui la beauté du monde cache sa vérité. Mais est-il toujours possible de voir, à travers les apparences, les principes physiques concrètement observables ? En réalité, Torricelli, fidèle en cela à tout l'esprit de la physique galiléenne, *substitue spontanément* un modèle mécanique à l'univers perçu : l'eau et l'air forment un macro-système de vases communicants, réglé par les lois de la pression. Il est persuadé que c'est là la réalité objective, *en soi*, de l'univers. Mais la physique moderne a montré qu'il n'en était rien. Le monde n'est pas un système de corps réglé par les lois de la mécanique. Le fait scientifique est lui-même une apparence. Ce qui est premier, ontologiquement, ce ne sont point les corps, ce sont les champs électromagnétiques dont les corps – les corpuscules – ne sont que des probabilités d'apparition.

• *Construire un modèle d'univers.* Comme le dit Heisenberg, « l'objet de la physique, ce n'est plus le monde, c'est l'image que le physicien se fait du monde ». Aujourd'hui, le physicien a été mis en présence, par l'observation elle-même, d'un comportement de la matière qui échappe à toute représentation rationnelle mécaniste. Alors il se contente, d'une part, d'enregistrer des résultats de mesures purement quantitatives, d'autre part, il construit une théorie, purement théorique, sans se préoccuper de savoir si elle représente adéquatement la réalité, pourvu qu'elle rende compte mathématiquement des résultats enregistrés. Et c'est cette théorie elle-même qui devient l'objet de son travail de physicien : il l'améliore, y ajoute un paramètre, en transforme certains éléments, ou relie tel élément à tel autre. Nous pourrions presque dire : aujourd'hui la théorie est devenue un fait.

L'évolution de la physique moderne, qui a bouleversé radicalement tous les problèmes épistémologiques, montre bien qu'il y a malgré tout une leçon des choses. Et c'est une leçon d'humilité. Dans ce combat, que l'homme d'Occident livre depuis trois siècles à la Nature, et malgré tous les efforts déployés, l'avantage semble rester à la Nature. Quelle science égalera jamais la beauté d'une rose ?

CHAPITRE XVI

DE LA LOGIQUE PÉDAGOMANIAQUE [17]

La démence, on le sait, caractérise une conduite dépourvue de raison, c'est-à-dire qui agit sans tenir compte de la réalité, soit par incapacité de la percevoir, soit par révolte contre elle. Que tous les hommes, d'une certaine manière, participent à cette démence, nous ne le nierons pas. Qui de nous, en quelque moment de sa vie, n'a pas préféré ses désirs à la réalité ? Au reste, comme l'enseignaient les Stoïciens, « seul le sage n'est pas fou », à quoi fait écho la parole de *Qohélet* : « J'ai dit : "je veux être sage !" Mais j'en suis resté bien loin ! » (*Ecclésiaste*, VII, 23). Toutefois, les effets de cette commune folie ne s'étendent généralement pas au-delà de la vie privée. Nous-mêmes, éventuellement nos proches, en sommes les seules victimes, pour ce que, n'ayant aucun pouvoir, nous sommes empêchés d'en faire subir les conséquences à beaucoup.

Il faut donc qu'à la folie se joigne le pouvoir pour que ses effets deviennent réellement dévastateurs. Est-ce à dire qu'il suffit d'exercer une autorité quelconque pour donner libre cours à la puissance désordonnée de nos désirs ? Évidemment, non. Cette condition n'est que nécessaire. Même un Caligula ne peut faire ce qu'il veut. La nature des choses retient sa fantaisie en ses bornes étroites. Les réalités politiques et économiques imposent leurs exigences minimales au plus fou des tyrans, et se détruiraient elles-mêmes – et lui avec – plutôt que d'en souffrir la transgression. Cela suppose, bien entendu, qu'il y ait un ordre des choses, relativement évident, et

---

[17] Cet article est paru en 1983. On ne parle plus de la « Réforme Legrand » qui en avait suscité la rédaction. Mais il n'a rien perdu de son actualité, au contraire. Ce qu'il combat n'est plus seulement une menace, mais il est devenu réalité.

actuellement contraignant, de telle sorte qu'il puisse exercer son invincible régulation sur les gouvernants. Or, il est précisément un domaine où un tel ordre *actuel* – et la régulation qui en découle pour l'action politique – semble ne pas exister, et où l'on peut éprouver le sentiment de commander à la nature sans avoir à lui obéir : c'est celui de l'éducation. L'enfant étant une cire vierge, quelle tentation, pour le législateur, de s'abandonner aux « pourquoi pas ? » de ses rêveries pédagogiques ! C'est pourquoi il n'y a pas de lieu plus propice à la démence politique que celui de la pédagogie.

❧

1. De l'agriculture

Les considérations précédentes nous imposent d'abord de définir les principes de la sagesse pédagogique – nous disons bien sagesse et non science. Ces principes ne peuvent être saisis que par une réflexion sur la nature et les conditions de l'action pédagogique ou éducative. Nous partirons de la constatation suivante : l'éducation humaine, en tant que tâche à accomplir, est essentiellement analogue à l'œuvre de l'agriculture, puisque dans les deux cas, il s'agit d'exercer une action sur un objet afin qu'il passe de l'état embryonnaire à l'état de maturité qu'implique son entier développement. Or, que nous enseigne l'agriculture ?

• Premièrement, qu'elle est une culture, c'est-à-dire une suite ordonnée d'actions en vue d'œuvrer à une transformation dont, sans elle, l'objet cultivé serait incapable. Et cela distingue la culture de la nature, comme de la fabrication mécanique. De la nature, parce que les champs de blé ou les plants de carotte ne poussent pas tout seuls : il y faut des soins nombreux et longs ; bref, ils requièrent bien, pour être ce qu'ils doivent être, une action véritable, constante et déterminée. De la fabrication mécanique, parce que l'objet à cultiver existe bien par lui-même, avec ses virtualités propres et sa force de maturation, alors que l'objet à fabriquer n'a pas d'existence, abstraction faite de l'acte qui le fabrique : il est entièrement dépendant, pour son existence, de cet acte même[18] ; bref, il est un pur produit.

L'œuvre agricole est donc soumise à une double condition : d'une part, elle doit agir véritablement, c'est-à-dire opérer sur une matière à transformer, d'autre part, cette action, qui signifie libre intervention de l'homme, ne saurait pourtant imposer ses déterminations à l'objet selon son bon plaisir et de l'extérieur : elle doit obéir aux exigences propres de celui-ci – toutefois, exigences « potentielles », c'est-à-dire actuellement invisibles et qu'aucun examen préalable ne saurait révéler, car même si, avec beaucoup de science, on peut distinguer les unes des autres des graines différentes, on ne peut discerner en elles ce que chacune donnera.

---

[18] Nous disons pour son existence, car pour son essence, elle est, d'une certaine manière, intemporelle. Par définition, les objets techniques correspondent à des « possibles » relativement immuables que l'ingénieur se contente de « découvrir ». Le marteau, la cuillère, le moteur à explosion, l'arbre à came, le roulement à billes, etc., sont parfaitement déterminés quant à leur structure fonctionnelle. Et, contrairement à une opinion fausse, ils ne sont pas du tout indéfiniment perfectibles. L'ingénieur tâtonne pour les réaliser, mais une fois qu'ils sont au point, que la « bonne forme » est trouvée – ce qui peut demander du temps – ils ne varient plus et ne sont susceptibles d'aucun perfectionnement indéfini. Rien de plus instructif, à cet égard que la visite d'un musée des techniques. Ajoutons que ce qui importe ici n'est pas, comme le dit Sartre, de savoir si l'essence précède ou non l'existence, mais de déterminer la nature du rapport qui unit l'essence à l'existence : pour les objets fabriqués, ce rapport est extrinsèque, leur existence est dans une dépendance quasi absolue à leur essence, qu'elle ne saurait jamais s'approprier et par rapport à laquelle elle ne saurait par conséquent présenter aucune variation ; d'où l'identité des objets fabriqués, mais aussi les facilités qu'offre l'exemple de l'activité technique pour illustrer une réflexion sur la forme et la matière, parce que ces deux termes s'y trouvent envisagés presque à l'état pur. On pourrait d'ailleurs hiérarchiser les êtres en fonction du degré d'appropriation de l'essence par l'existence. Chez les êtres naturels, l'essence est « possédée » par l'existence comme un principe interne de développement et d'action ; ils sont donc plus maîtres de leur essence que les objets fabriqués. Avec l'homme, cette maîtrise devient liberté consciente. Enfin, en Dieu seul se réalise l'identité parfaite de l'essence et de l'existence.

• En conséquence, plus que toute autre activité technique, l'acte d'agriculture requiert un savoir portant à la fois sur la fin et les moyens : quelle sorte de plante telle graine produira-t-elle ? Et quelle est la méthode à suivre pour y parvenir. Ce savoir consiste donc en une connaissance *anticipée* du processus et de son résultat. Posons-nous donc la question : où pouvons-nous trouver un savoir de ce type ? Une seule réponse est possible : dans la tradition. Toute action dont le résultat « demande du temps », d'une part, et ne peut être librement préformé et projeté, d'autre part, est entièrement dépendante d'un savoir traditionnel[19]. Le cultivateur sait quelle sorte de plante produit telle sorte de graines parce qu'on le lui a dit et que ses pères lui ont aussi appris quelle sorte de soins elle exigeait[20]. En

---

[19] On pourrait objecter que la production d'une automobile demande aussi du temps. Mais ce n'est pas vrai. Il n'est pas impossible de concevoir théoriquement un appareillage capable de produire une automobile (ou même une maison) quasi instantanément. Ici le temps demeure extérieur à l'objet fabriqué et à sa fabrication. Tandis qu'une plante est un être temporel, sa croissance, c'est son être même. Elle peut être accélérée, ou ralentie, mais non annulée, même théoriquement. Les phases qui constituent cette croissance sont obligatoires, et la plante est inconcevable indépendamment de leur nécessaire succession. On pourrait encore nous faire observer que toute action technique commence par l'élaboration d'un projet, d'un plan, où l'objet à produire reçoit une sorte d'existence conceptuelle, et donc qu'il y a bien là succession de phases temporellement distinctes, sans pour autant qu'il soit requis d'en appeler à un savoir traditionnel. Objection qui n'est forte qu'en apparence. Car, du point de vue de la « forme », il n'y a pas de différences essentielles entre la maison projetée et la maison réalisée, puisque, précisément, la production mécanique se définit par la libre imposition de la forme telle quelle à la matière inerte, alors que la production naturelle exclut toute opération de ce genre et peut seulement favoriser et orienter l'apparition d'une forme qu'elle ne saurait engendrer. Pour être complet, il faudrait ajouter que ce n'est pas tellement par sa forme et sa matière que la fabrication mécanique diffère de la production naturelle, car forme et matière mécaniques sont également naturelles – les formes techniques sont des possibles, et les matières ont des propriétés physiques déterminées et donc contraignantes – c'est par le *rapport* de la forme à la matière.

[20] On nous fera peut-être observer qu'il peut aussi en connaître lui-même l'origine pour en avoir recueilli la graine sur la plante qui l'a produite. Mais on suppose alors le problème résolu : on se situe dans le cadre d'une tradition agricole déjà établie. Il est évident que nos réflexions philosophiques n'envisagent les choses que dans

fin de compte, tout repose sur une tradition agricole, à laquelle on peut sans doute apporter quelques modifications, éventuellement quelques améliorations[21], mais qu'on ne peut méconnaître sans courir les risques les plus graves. Tel est le deuxième point qu'il nous fallait souligner.

Il ne sera pas inutile, au demeurant, d'observer que cette thèse nous conduit obligatoirement à donner une origine « révélée » au savoir traditionnel. Si le savoir traditionnel, en effet, est celui que l'on ne peut que recevoir parce qu'on ne peut le tirer de la connaissance *actuelle* des choses, on est amené à se demander comment les premiers hommes ont pu l'acquérir. Et l'on a déjà remarqué que c'est là un problème insoluble : comment est-on passé du blé au pain ? D'où viennent les plantes « domestiques », l'orge, le maïs, les carottes ? Comment a-t-on pu avoir l'idée de domestiquer la culture du blé en ignorant que sa farine était destinée à faire du pain, et comment savoir faire du pain si l'on ignore la culture du blé ? Et, d'ailleurs, existe-t-il un blé sauvage, et si oui, le blé domestique en dérive-t-il ? De même pour la carotte : toutes les tentatives pour obtenir une carotte comestible à partie des carottes sauvages actuelles ont échoué[22]. C'est pourquoi les divers peuples de la terre attribuent tous à leur savoir agricole une origine céleste.

• Quoi qu'il en soit, et ce sera notre troisième remarque, il est bien certain que le savoir traditionnel prouve son efficacité, non seulement par son origine céleste, laquelle échappe évidemment à toute démonstration rationnelle, mais aussi et surtout par son existence même. Comme un être vivant prouve la réalité de la lignée ancestrale dont il est issu, et donc qu'en elle la vie ne s'est jamais interrompue, ainsi l'existence d'un savoir traditionnel portant sur les

---

leur structure abstraite, dans leur réduction à l'essentiel. Mais c'est aussi la seule manière d'en traiter rationnellement.
[21] Par exemple la découverte au Moyen Âge, de l'assolement triennal.
[22] Sur tout cela, voir J. Servier, *L'homme et l'invisible*, Laffont, 1964, pp. 212, *sq*. Évidemment, il s'agit d'une « révélation » non pas divine, mais angélique.

techniques agricoles prouve que ce savoir est véridique, puisque, s'il était faux, l'objet produit par ces techniques n'existerait pas, en conséquence les techniques de production n'existeraient pas non plus, ni donc le savoir qui en transmet la connaissance. L'argument par l'existence est irréfutable[23]. Telle est la force de la tradition et la raison fondamentale pour laquelle on doit la respecter. Ce qui ne signifie pas qu'on puisse la figer dans une immutabilité absolue. Les conditions de production peuvent changer. Les conditions climatiques en particulier et celles relatives à la composition du sol, ainsi que les besoins. Des modifications sont donc inévitables, au cours du temps. Mais ces modifications ne sont précisément possibles que *sur la base* du savoir traditionnel, de même qu'une variation musicale implique le thème qu'elle modifie sans le défigurer, sinon, ce n'est plus une variation, c'est un autre thème. Sans le respect de base du savoir traditionnel, il ne saurait y avoir modification partielle des techniques agricoles. Refuser ou détruire ce savoir, c'est anéantir toute possibilité d'y apporter une modification relative. Et l'on sait du reste que, dans ce domaine, les expériences malheureuses coûtent très cher.

En résumé, nous pouvons dire que l'agriculture implique : 1°) une activité, 2°) un savoir traditionnel, 3°) la conscience de sa nécessité et la prudence extrême dans toute réforme de ce savoir. Nous retrouvons évidemment ces trois caractères si nous passons de l'agriculture à ce que nous pourrions appeler l'hominiculture, mais avec certaines particularités qu'il nous faut maintenant préciser.

2. De l'hominiculture

• L'homme est sans doute un être de la nature, mais doté d'une propriété qui le met à part de tous les êtres naturels : la pensée. Il en

---

[23] Ces réflexions valent aussi contre l'avortement et la planification du contrôle des naissances. Comme l'a dit Ruyer : « la stérilité n'est pas héréditaire ». Une civilisation ne peut transmettre à ses descendants une consigne de stérilité et d'avortement, puisqu'il n'y a alors plus de descendant à qui transmettre la consigne. Or, toute civilisation est, par essence, transmission – ou tradition. Donc, toute *politique* de stérilité s'autodétruit ».

résulte que, ni dans sa fin, ni dans ses moyens, l'hominiculture n'est tout à fait comparable à l'agriculture. Nous avons rappelé que toute action culturelle, à la différence de l'action mécanique, ne peut préformer son résultat et qu'elle doit se contenter d'obéir par avance aux exigences potentielles de l'être adulte qui demande à devenir à partir de la graine ou de l'embryon. Ce qui implique qu'il y a, d'un tel être, un devenir naturel, l'œuvre du cultivateur se bornant à rendre ce devenir possible. Ce que doit être une pomme ou un chat est presque totalement déterminé : les variations possibles dans le résultat sont limitées.

Il n'en va pas de même pour l'homme, ou plutôt, pour lui, le problème est encore beaucoup plus difficile à résoudre. Assurément, l'impératif demeure : d'un enfant doit advenir un homme. Mais les variétés du type homme sont extrêmement nombreuses, et même théoriquement indéfinies, avec, toutefois, cette exigence malaisée à satisfaire, que toutes les « variétés » ne sont pas également bonnes ; certaines sont même tout à fait monstrueuses et destructrices de la nature humaine. La substance humaine est étonnamment souple. Elle supporte toutes sortes de traitements et paraît s'en accommoder, au moins durant un temps. Les vices de sa formation ne se révèlent qu'au terme de sa croissance et l'entraînent alors à sa corruption. La raison en tient à l'existence de la pensée intelligente.

La pensée, en effet, n'est pas une faculté comme les autres : elle n'est pas identifiable à un *fonctionnement*, c'est-à-dire à la bonne marche d'un dispositif organique. Toutes les fonctions naturelles, ou encore toutes les exigences d'activités organiques, se réalisent dans un fonctionnement déterminé, et, bien que la fonction, en elle-même, soit distincte de son fonctionnement – la vue ne se réduit pas au fonctionnement de l'œil, mais l'informe et l'ordonne, comme la forme actue la matière –, cependant, ils constituent, en acte, une unité indissociable. Alors que la pensée, bien qu'elle dépende, pour sa manifestation, du cerveau cortical, est, par elle-même, d'un ordre radicalement étranger à ce fonctionnement, comme le prouve l'expérience la plus immédiate, mais aussi la moins réfutable.

La digestion fait fonctionner l'estomac, *la pensée n'a pas pour fin de faire fonctionner les neurones cérébraux* : le cerveau ne « réalise » pas la fonction pensante, comme l'estomac réalise la fonction digestive. L'anatomie de l'estomac nous renseigne directement sur la fonction digestive. L'anatomie du cerveau de Shakespeare ou d'Einstein ne nous livre rien sur *Hamlet* ou la théorie de la Relativité. Le cerveau n'est pas l'aspect anatomique de la pensée, ce qui n'aurait, au demeurant, aucun sens. Seul le matérialiste le plus obtus ignorera la spécificité du rapport de la pensée au dispositif cérébral. Ce n'est pas le rapport de la fonction naturelle à l'organe, qui est celui de la forme informante à la matière informée : rapport d'unité interne. Ce n'est pas non plus le rapport d'une action à l'instrument qu'elle utilise pour s'accomplir, par exemple celui du violoniste et du violon : rapport d'adaptation externe. Il est vrai que la métaphore de l'instrumentalité est peu évitable quand on s'efforce de préciser les rapports pensée-cerveau ; elle est pourtant inadéquate, puisque la pensée ne se sert pas du cerveau comme d'un instrument pour se réaliser : elle n'agit pas *sur* lui.

Il faut plutôt concevoir ce rapport comme celui d'une réalité d'un certain ordre aux conditions qui lui permettent de se manifester dans un ordre différent. Ainsi – analogie approximative – le violon est bien l'instrument à l'aide duquel le violoniste produit un son, mais l'air frappé est le milieu (*medium*) nécessaire qui transmet les vibrations à notre oreille et les transforme en un son proprement entendu. De même le cerveau est un *medium* de communication psycho-corporelle : il transmet au corps, pour signifier – parole, écriture, symbolisme – ou pour agir – gestualité efficace –, les informations et messages qui viennent de la pensée, ou, inversement, il transmet à la pensée, pour les connaître et les juger, les informations et messages venant du monde ou du corps lui-même, parce que le tissu cérébral est le lieu même où s'effectue cet échange et cette transformation, ou encore, parce qu'il est l'organe propre d'une telle transformation[24]. C'est pourquoi la pensée, n'étant pas par elle-même dépendante du fonctionnement nécessairement déterminé de l'organe cérébral, peut penser « n'importe quoi » et donc aussi vouloir librement[25].

• L'homme étant donc un être doué d'intelligence rationnelle et de volonté libre – ce qui définit sa personne–, toute éducation est obligée d'en tenir compte et doit nécessairement se proposer comme fin le développement de la pensée droite et l'exercice du libre arbitre.

Mais – et c'est là que surgit la difficulté majeure –, comme nous venons de le montrer, le développement de l'intelligence et de la volonté ne saurait être défini d'une manière purement naturelle. La difficulté de l'agriculture résulte de l'obligation où se trouve le cultivateur d'obéir, dans son action, à des exigences futures. À tout le moins ces exigences sont-elles inscrites dans l'essence même de l'être adulte. Maintenant, la difficulté redouble. En vertu de leur potentialité indéfinie – l'âme intellective, dit Aristote, est en puissance relativement à toute chose connaissable –, il est impossible de se fonder sur les exigences potentielles de la pensée et de la volonté – et de leur conjonction dans la sensibilité et l'affectivité – pour savoir ce que l'homme doit être, puisque, d'une certaine manière, il peut être « n'importe quoi ». C'est pourquoi le savoir traditionnel, qui

---

[24] Signalons, brièvement, que, relativement au cerveau, la pensée est comme une activité pure relativement à un dispositif matériel, qui donc ne peut pas ne pas présenter une certaine inertie à cette action, d'où certains aspects « inertiels » de la pensée : automatismes mnésiques, fixations des souvenirs, etc. Inversement, l'activité pensante recèle une autre passivité, à l'égard de ce qui la dépasse, qu'elle reçoit intuitivement et auquel elle ne peut qu'obéir, tels les premiers principes, qui constituent donc une sorte de « cerveau métaphysique » transcendant.

[25] Cette indépendance intrinsèque de la pensée ne peut être infirmée par aucune « découverte » scientifique. Toute réduction, présente ou future, du psycho-mental et du spirituel au corporel, se heurte à l'irréfutable objection suivante que, si la thèse réductionniste est vraie, alors elle n'est elle-même qu'un produit du fonctionnement cérébral de son auteur, et donc ne saurait avoir valeur de vérité, puisqu'elle est un pur effet, entièrement déterminé, et qui pourrait être tout à fait différent. Le biologiste matérialiste est dans la situation d'un homme qui proclamerait à haute voix : « je suis muet ».

est présentement requis, n'en appelle pas seulement aux exigences de la nature, mais aussi à celles d'une sorte de supra-naturalité (sinon d'un surnaturel au sens propre).

Autrement dit, et nous ne nous lasserons pas de le répéter, on ne peut « élever » l'homme – pratiquer l'hominiculture – en se réglant sur le concept de ce qu'il doit naturellement devenir, comme on le fait pour l'apiculture ou la sériciculture. Si loin qu'on poursuive l'analyse du devenir naturel de l'homme, on ne rencontre pas de détermination suffisante et décisive. Ce qui ne signifie pas qu'il n'y ait pas de nature humaine – c'est la mauvaise conclusion de Sartre –, mais que cette nature ne se réalise pas intégralement par le pur développement naturel de ses virtualités – comme une graine dans le sol.

Ce développement présente donc un hiatus, une faille, une solution de continuité, qui ne peut être comblé que par « en-haut », par une miséricordieuse intervention divine.

L'homme ne peut recevoir son destin suprême que de Dieu[26], soit que ce destin s'exprime dans une loi positivement promulguée : condamnation d'Adam, alliance noachique, *Torah* mosaïque, commandements évangéliques ; soit qu'il consiste seulement dans une loi naturelle inscrite dans la raison humaine et qu'elle peut ainsi connaître indépendamment de la révélation biblique (*Romains*, II, 14-15). Car, d'une part, cette loi naturelle fut également promulguée par Dieu dans l'acte même par lequel il constitua la nature humaine « à son image et à sa ressemblance », ce qui notifie à la créature que Dieu est sa fin suprême, et, d'autre part, cette loi n'est pas définie par la seule raison comme son œuvre propre, mais la raison la trouve *inscrite* par Dieu lui-même dans la substance de

---

[26] Cela signifie, entre autres choses, qu'il n'a pas existé un état de pure nature, ce que la théologie confirme en enseignant que Dieu éleva Adam dès sa création à l'ordre surnaturel par le don de la grâce sanctifiante, bien qu'Adam fût parfait quant à tout ce que la nature humaine pouvait en lui par elle-même, mais non quant à tout ce qu'elle pouvait sous l'effet de la puissance divine.

l'âme comme un donné transcendant et quasi sacré, qui continue d'obliger en droit alors même que nous lui désobéissons en fait[27].

• Voilà donc clairement établi qu'aucune hominiculture n'est concevable sans une détermination transcendante du destin de l'homme. Il convient maintenant de s'interroger sur les moyens permettant éventuellement d'atteindre une telle fin. C'est ici qu'intervient l'école proprement dite.

❦

Ces moyens sont nécessairement relatifs à la nature de l'être humain et aux particularités de sa formation et de son éducation. Étant donné l'incomplétude naturelle de son développement qui ne saurait par lui-même fournir l'orientation ultime de cette éducation, c'est à la « religion » à enseigner à l'homme la vérité suprême sur lui-même. Toute civilisation digne de ce nom formule une certaine idée de l'homme dont le principe réside dans la destinée divine de celui-ci, réalisation de sa nature théomorphe. Cette norme, enseignée par la religion, la langue, les rites et les coutumes, les symboles et les manières de vivre, malgré les transformations et les altérations que lui font subir les diverses cultures, remonte à la révélation primitive[28], et trouve son accomplissement dans l'incarnation du Verbe

---

[27] Notre thèse conduit à rejeter comme spéculativement inconsistant tout humanisme, en tant que l'humanisme veut tirer de la seule considération de la nature humaine les principes directeurs de toute action psychologique, politique ou sociale. Au demeurant, si la loi naturelle était une simple expression des déterminations naturelles de l'être humain, nous ne pourrions lui désobéir – pas plus qu'un arbre ne peut désobéir aux lois de sa croissance. Cependant, seule la connaissance de cette loi permet de réaliser notre nature.

[28] Qu'on ne nous accuse pas trop vite de traditionalisme, erreur voisine du fidéisme, et réprouvée par le 1er Concile du Vatican. Il consiste, on le sait, à nier que la raison puisse, par elle-même, parvenir à la connaissance certaine de l'existence de Dieu, et affirme qu'elle a toujours besoin du secours de la révélation dont la tradition nous transmet l'enseignement. Tout d'abord il ne s'agit pas de la connaissance de Dieu, mais de la connaissance de la destinée spirituelle de l'homme qu'il ne peut tenir que de la révélation, et faute de laquelle le développement le plus parfait de la nature humaine demeurera toujours visiblement incomplet. D'autre part, on ne

divin en Jésus-Christ, « premier-né de toutes les créatures », archétype visible de l'Homme parfait. L'enseignement de la religion qui est l'œuvre essentielle de l'Église – et c'est parce qu'elle nous accouche à la vie de la Vérité que l'Église devient notre mère – trouve son lieu primordial d'exercice dans la famille, car l'enfant entre d'abord en relation sociale avec elle. Elle est le premier visage de la société, de la culture, de l'Église même, qu'il rencontre et qui l'informe. L'hominiculture est d'abord domestique, telle est la loi pour l'espèce humaine, n'en déplaise aux dénaturations délirantes de l'idéologie socialiste.

Les biologistes distinguent entre les espèces dites *nidifuges*, qui naissent non seulement avec un corps anatomiquement terminé, mais aussi avec un équipement éthologique assurant leur autonomie – le poulain, le veau –, et les espèces *nidicoles* qui « naissent dans un état subfoetal et sont anatomiquement et physiologiquement assimilables à des prématurés »[29] – le chaton, le chiot, le souriceau. Or, de tous les nidicoles, l'homme est celui qui naît le plus démuni, et donc le plus prématuré, aussi bien anatomiquement et physiologi-

---

saurait mettre en doute, sans contradiction, le pouvoir qu'a la raison de parvenir à une connaissance démonstrative de l'existence divine, puisque, par définition, la raison n'obéit qu'à sa propre lumière, et donc que l'autorité de la tradition ne saurait suffire à rendre compte d'aucune certitude rationnelle. Or il y a une certitude rationnelle de l'existence de Dieu. Donc… Toutefois, il faut ajouter en troisième lieu qu'en aucun temps et en aucun lieu, nous ne rencontrons de raison pure de toute information culturelle. C'est là un fait incontestable : pas de raison sans homme, et pas d'homme sans langage et sans culture, c'est-à-dire sans tradition. Mais il y a eu une révélation primitive, Dieu ayant parlé à nos premiers parents et à leur descendance. Et toutes les cultures de la Terre en dérivent plus ou moins directement. Il résulte de ces considérations que le 1er Concile du Vatican envisage (à juste titre) le pouvoir de la raison « en principe », dans son essence, et non dans son exercice effectif, tandis qu'il affirme la nécessité absolue de la révélation pour ce qui regarde notre destinée surnaturelle (Denziger, n° 1635). Et comme l'a dit S. Pie X : « pas de morale sans religion ».

[29] P. P. Grassé, *L'homme en accusation. De la biologie à la politique*, A. Michel, 1980, p. 172.

quement – ossification incomplète du crâne, absence de gaine myélinisée enveloppant les circuits nerveux, etc. – qu'éthologiquement – l'homme n'a pas d'instinct. C'est donc celui qui est le plus dépendant de son milieu de vie. Les enfants-loups, s'ils existent, ne sont pas des animaux – à forme humaine – dépourvus de langage et de comportement social, ce sont des êtres physiquement dégénérés dont la croissance est presque irrémédiablement compromise. Contrairement à ce qu'imagine Rousseau dans le second *Discours*, leurs sens sont atrophiés, leurs muscles affaiblis, leur équipement nerveux insuffisant, ils ne résistent guère aux maladies, ils meurent jeunes. L'éducation, c'est-à-dire la vie familiale, n'est donc pas le complément culturel d'une croissance physique qui pourrait éventuellement s'en passer, elle est physiologiquement indispensable[30].

Il est bien vrai que la naissance physique marque, pour l'enfant, le passage d'un état à un autre ; mais il s'agit du passage d'un état de dépendance interne et passive à un état de dépendance externe et active, et non d'indépendance plénière. L'homme se trouve donc dans l'obligation de prendre lui-même en charge sa propre maturation psycho-biologique. C'est précisément cette obligation, résultant du décalage entre la vie extra-utérine et l'autonomie totale qu'elle semble permettre, qui constitue la cause inductive première du processus culturel. D'une part, en effet, l'homme doit se doter d'un dispositif « hominisateur » pour obvier à ce décalage, et, d'autre part, ce dispositif ne peut être qu'externe et intelligent – ou sémantique –, alors qu'il « s'intériorise » rapidement chez les espèces nidicoles sous la forme d'un comportement instinctif : un chat adulte porte son équipement éthologique en lui-même. Ainsi, la société et la culture, dont la famille est la forme première et la plus réelle, constituent une véritable matrice externe, prolongement culturel de

---

[30] Les interconnexions neuroniques corticales – conditions anatomiques de l'apprentissage intellectuel – résultent elles-mêmes de cet apprentissage et de toutes les stimulations de l'activité cérébrale, ou, en tout cas, sont renforcées par elles (ce que tendent à prouver les expériences de Rosenzweig, Bennett, Diamond, 1972 ; cf. M. Reuchlin, *Psychologie*, P. U. F., p. 159).

la matrice biologique, et que l'homme ne quitte, provisoirement, qu'à sa mort.

Mais elle est externe. C'est dire qu'elle ne peut exercer sa fonction maturative en suivant les simples automatismes d'une régulation hormonale. Elle est nécessairement intelligente, requérant la médiation sémantique des signes symboliques et linguistiques, et nécessairement libre. Elle doit *improviser* ses réponses aux demandes de l'enfant, et elle doit le faire sur le champ, ce qui est d'ailleurs le propre de toute action qui est toujours « maintenant ». Or, et voilà le plus grave, toute réponse éducative, comme l'ont montré les études sur l'« imprégnation », est relativement *définitive*, en ce sens qu'elle imprègne l'enfant d'une manière ineffaçable, étant la première « information remplissante » que connaît la satisfaction du besoin, même si elle est ensuite recouverte par de multiples rectifications, si bien que le besoin cherchera toujours à retrouver cette satisfaction-là à travers ses nouvelles expériences[31]. Ainsi les éducateurs naturels – le père et la mère, à qui s'ajoute éventuellement la parentèle – sont-ils soumis à une sorte d'obligation instantanée d'infaillibilité : ils n'ont pas le droit de se tromper ni le loisir de réfléchir. *Hic et nunc*, dans l'urgence des situations quotidiennes, du lever au coucher, il faut répondre à la multitude des désirs et des besoins de l'enfant, et décider dans des situations jamais semblables et où chaque fois sont engagés, d'une certaine manière, tous les principes de l'éducation et du bonheur humain. Nul ne pouvant prévoir tous les cas et toutes les circonstances, force est de s'en remettre, outre les grâces d'état que vaut la fonction parentale, à une sorte d'instinct de comportement, c'est-à-dire à la tradition dont, consciemment ou non, les éducateurs sont imprégnés. Et, parce que rien de ce qui est proprement humain n'est véritablement instinctif, que la liberté et la responsabilité sont engagées dans toutes nos activités, c'est, en fin

---

[31] L'imprégnation est une notion empruntée à la psychologie animale et due à Konrad Lorenz : elle désigne le fait que le premier objet qui satisfait un besoin laisse sur l'animal une *empreinte* ineffaçable. Popper en a donné une transposition philosophique dans *La quête inachevée*, (Calmann-Lévy, 1981, pp. 67-68) particulièrement intéressante.

de compte, aux valeurs de leur culture reconnues comme fondamentales que les parents obéissent.

• Cependant, parmi tous les besoins de l'hominiculture, il en est un, que l'éducation domestique ne peut assurer intégralement ; c'est celui de la formation intellectuelle et de l'acquisition du savoir. Presque toutes les sociétés humaines ont toujours délégué ce soin à une classe d'hommes particuliers, spécialistes du savoir, et ont réservé quelque lieu destiné à cet usage. C'est l'institution scolaire – au sens large. Pourquoi une telle disposition ?

On pourrait objecter que la formation intellectuelle n'est pas un domaine à part, et qu'il y a bien d'autres besoins que la famille, à cause de la nécessaire division du travail, ne peut assurer, tandis que, comme le prouve l'apprentissage de la langue *maternelle*, on pourrait à bon droit soutenir que les besoins intellectuels sont le plus directement satisfaits par la famille. Et ce n'est pas faux, au moins pour ce qui concerne l'acquisition des premiers instruments de la pensée. Mais il faut observer que le savoir, parmi tous les biens nécessaires à une éducation, présente des caractères uniques qui sont d'ailleurs liés à la nature de la pensée que le savoir actue. Si nous distinguons les biens matériels – nourriture, vêtement, habitat –, les biens religieux et affectifs et les biens intellectuels, nous dirons que les premiers sont à la fois usés ou dégradés par l'acte de la consommation, et, du même coup, domestiquement appropriés par la famille au sein de laquelle ils sont consommés : ils perdent l'« étrangeté » de leur origine et s'agglomèrent au patrimoine.

Les seconds, biens religieux et « affectifs », sont également appropriables domestiquement et d'une manière plus profonde et plus *vitale* que les biens matériels, puisqu'ils nourrissent le cœur même de l'être humain. Mais, loin d'être dégradés par l'échange et l'assimilation, ils en accroissent leur énergie : un amour, une amitié, une foi *partagés*, deviennent plus intenses et plus durables.

Les biens intellectuels diffèrent des uns et des autres. Assurément, aucune consommation ne les use ou ne les dégrade, aucun partage ne les diminue, mais aucun non plus ne les accroît : une vérité connue par mille esprits demeure ce qu'elle est dans l'esprit d'un seul ; d'autre part, aucune assimilation, fût-ce la plus intime, ne peut se les approprier domestiquement ou individuellement : la vérité n'est le bien de personne et appartient indifféremment à tout esprit qui l'a saisie. D'avantage : c'est elle qui s'empare de l'intelligence et en fait son lieu privilégié de manifestation. Ainsi le bien du savoir a quelque chose d'universel et d'absolu qui, sous ce rapport, l'apparente au divin.

C'est pourquoi, dans les sociétés traditionnelles, le savoir est presque toujours l'apanage des détenteurs du sacré. Au-delà même de la division du travail et de l'inévitable spécialisation des connaissances, l'existence d'une institution différenciée pour la transmission du savoir, s'explique par sa nature extraordinaire et comme transcendante. D'une certaine manière, le savoir est ce qui, dans l'homme, n'est pas spécifiquement humain. Si le savoir est vrai, alors il est, dans son essence, identique à lui-même, qu'il soit connu par Dieu, un ange, ou tout autre esprit intelligent. Pour Dieu, pour l'ange ou pour l'homme, le postulat d'Euclide étant admis, la somme des angles d'un triangle est égale à 180°. Sinon, si la connaissance est spécifiquement humaine, comme l'ont soutenu Protagoras et Hume, alors il n'y a ni vérité, ni savoir, ni transmission du savoir. Tel nous paraît être le fondement de l'institution scolaire ; celui-là et pas un autre. Mais, si l'on nous a suivi jusqu'ici, on aura également compris que cette institution et ceux qui en font partie sont doublement délégués : et par la société – ou plutôt par le modèle culturel que la société véhicule –, et par la famille, première société pour tout être humain, et finalement *seule société immédiatement visible*. L'indépendance de l'institution éducative, qui fait d'elle un corps à part dans l'organisme social, jouissant de privilèges apparemment exorbitants, est entièrement ordonnée et limitée à la transmission du savoir. Ce qui signifie que la caste intellectuelle doit : 1° préserver la dignité du savoir selon sa nature universelle et absolue ; 2° en assurer la transmission ; 3° renoncer à toute autre ambition et, particulièrement, à la tentation de transformer en puissance éducatrice universelle le pouvoir déterminé que lui confère sa fonction.

• Il nous reste enfin, pour être complet, à nous demander ce qui spécifie la transmission du savoir parmi toutes les transmissions éducatives, car c'est, en dernière analyse, à cette transmission précisément que doit aboutir notre réflexion sur la sagesse pédagogique. Certes, nous ne prétendons nullement qu'on puisse, en fait, isoler l'acquisition du savoir de toutes les autres, et que l'intelligence puisse se réaliser indépendamment de la réalisation de l'homme tout entier. Mais nous soutenons, comme un principe évident de soi, que l'acte didactique ne doit avoir égard qu'à sa fin propre, qui est la transmission du savoir, et que c'est seulement ainsi qu'un tel acte pourra, de surcroît, atteindre d'autres fins éventuellement plus importantes, telles que la formation du caractère et celle de la conscience morale. Qu'est-ce donc que la transmission du savoir et comment s'effectue-t-elle ?

Nous dirons, avec Aristote, qu'elle consiste dans la communication d'une forme intelligible à une intelligence, l'intelligence « prenant la forme » de tout ce qu'elle reçoit en elle, ou, en d'autres termes, étant informée par cet intelligible. La communication didactique est réussie lorsque la forme intelligible est *reçue*. Et elle est reçue lorsqu'elle est *saisie* intellectivement, c'est-à-dire lorsque son sens s'unit à l'intelligence comme l'acte propre de l'intelligence réceptrice.

Autrement dit, la forme intelligible est reçue – ô paradoxe ! – lorsqu'elle est produite. C'est ce qu'on appelle concevoir : ici la passivité s'unit à l'activité, l'extériorité – la forme vient du dehors – à l'intériorité – elle est engendrée par l'intelligence comprenante qui se comprend elle-même dans l'acte par lequel elle saisit l'intelligible. Prodigieux miracle, noble illumination ! Sous l'effet de l'acte didactique, l'intelligence s'éveille à sa propre fécondité : *elle ne perçoit que ce qu'elle conçoit*. Il n'y a pas d'acte plus intime et plus profond que celui-là, puisque c'est chaque fois l'intelligence tout entière, jusqu'à son essence la plus intérieure, qui est engagée dans chaque acte de compréhension. Et c'est pourquoi nul ne peut le faire à la place de personne, et aucun signe extérieur ne peut prouver qu'il a bien été accompli. La saisie intellectuelle est donc, par essence, souverainement libre ; elle échappe d'elle-même à toute détermination extérieure ; elle est inaccessible, inaliénable, improductible.

Il s'ensuit de nombreuses conséquences dont nous ne relèverons que quelques-unes. Tout d'abord, l'éducation de l'intelligence, à la différence de tous les autres processus éducatifs, n'est pas vraiment temporelle. Assurément, elle demande du temps, et l'on ne peut tout comprendre d'un seul coup. Pourtant, alors que les autres processus éducatifs sont constitués substantiellement par leur histoire – comme un arbre qui *est* véritablement sa croissance –, l'acte intellectuel, quand il est accompli, a quelque chose d'instantané qui abolit sa propre genèse[32]. On oublie alors les phases préparatoires à l'intellection, et même parfois, on ne comprend plus son incompréhension. En ce sens, on peut dire aussi que l'intelligence n'a pas d'âge, et que ce qui est purement intellectuel peut être saisi par toute intelligence, au moins en principe. Autrement dit, il n'y a pas *d'habitus* de l'acte intellectuel *comme tel*[33]. Quand on comprend quelque chose, c'est toujours la première fois, c'est toujours aussi facile ou aussi difficile. L'intellection est toujours neuve.

Mais, en fait, il n'en est pas seulement ainsi, parce que, dans l'ordre humain, il n'y a pas non plus d'acte intellectuel parfaitement pur. L'intelligence a besoin *d'instruments* de pensée, dont le premier acquis est le langage, et dont l'ensemble constitue l'équipement culturel. Il faut donc distinguer entre l'intellection pure – qui est au

---

[32] Notre thèse s'oppose directement à la théorie hégélienne du concept qui prétend intégrer au concept son devenir. Mais Hegel ignore ce qu'est l'intellection.

[33] Le mot *habitus* ici employé désigne une disposition acquise qui nous habilite à faire spécialement ce dont nous avons le pouvoir en général. Toute intelligence peut *a priori* faire des mathématiques – même si elle les ignore. Mais elle n'en a pas *l'habitus*. Seul le mathématicien possède *l'habitus* des mathématiques – même s'il n'en fait pas. S. Thomas explique : « *l'habitus* diffère de la puissance en ce que par la puissance, nous sommes capables de faire quelque chose, tandis que, par *l'habitus*, nous ne sommes pas rendus capables de faire quelque chose, mais habiles ou inhabiles à faire ce que nous pouvons », *Contra Gentiles*, IV, 77.

fond inéducable – et l'outillage mental sur la seule acquisition duquel peut porter l'effort éducatif[34]. Et c'est ici qu'interviennent les différences individuelles. Tous les hommes sont également intelligents, par définition, parce que l'intelligence est toujours elle-même, dans son essence, et qu'elle n'est pas susceptible, en tant que telle, du plus ou du moins. Mais il n'en va pas ainsi en ce qui concerne ses conditions individuelles de manifestation. En particulier, tous les hommes n'ont pas la même capacité d'acquisition et de maniement des multiples outillages mentaux, laquelle varie en grandeur selon les individus, en même temps que selon les sortes d'outillage[35]. Tous les outils mentaux n'ont d'ailleurs pas la même valeur d'intelligence, et donc ne peuvent être mis sur le même pied. C'est pourquoi, l'intellection n'étant véritablement actualisée que par l'intelligible, elle sera d'autant plus efficacement éveillée qu'on la dotera d'un outillage mental plus intelligiblement constitué. Il n'y en a sans doute pas de plus conforme à cette condition que les langues naturelles – particulièrement les langues anciennes – et les mathématiques traditionnelles.

Par ailleurs, il faut distinguer de l'acquisition de l'outillage mental, celle des connaissances positives – physiques, biologiques, humaines – que l'institution scolaire a également pour tâche d'assurer. Il va de soi que toute connaissance positive comporte son *organon* – sa logique ou son instrumentalité conceptuelle – et qu'elle est par là formatrice, de même qu'il n'y a pas *d'organon* qui ne comporte un minimum de connaissance positive, c'est-à-dire qui soit purement formateur parce qu'il serait purement formel. Mais enfin, le terme de l'acte didactique demeure la transmission d'un savoir, et l'acquisition de *l'organon* – ou *habitus* de l'instrumentalité conceptuelle – doit demeurer un moyen : on forme l'esprit, on l'équipe

---

[34] Cette distinction est d'une grande importance.
[35] À quoi il faut ajouter que l'habileté mentale la plus étendue ne favorise pas nécessairement l'intellection véritable. Renan était prodigieusement doué pour tout apprendre ; mais sa pensée philosophique était d'une extrême platitude.

intellectuellement, en vue de la possession du savoir, et non inversement. Et cette finalité s'impose davantage à mesure qu'on s'éloigne des premiers âges de l'enfance.

Nous résumerons nos conclusions de la manière suivante :

• L'hominiculture, plus encore que l'agriculture, à cause à la fois de la relative indétermination de l'homme comme espèce pensante et du caractère immédiat et peu réversible des décisions éducatives, exige impérativement le recours à la tradition.

• Cette tradition, au moins dans son origine première et malgré d'inévitables déformations, remonte à la révélation primitive, et vient répondre aux demandes de la raison qui sait que Dieu est notre fin ultime, mais ne peut par elle-même spécifier la voie qui permet de l'atteindre.

• La forme normative de l'homme est portée et enseignée par la société tout entière, mais elle est communiquée directement aux petits hommes par la famille, première société naturelle, fondement de toutes les autres, expressément voulue par Dieu et nécessairement requise par l'immaturité psycho-biologique de l'être humain à sa naissance, en sorte que la famille est également première et principale éducatrice, tout être humain naissant de l'homme et de la femme, comme expression vivante de leur union.

• Toutefois, l'éducation de l'intelligence, à cause de la nature à part de l'acte intellectuel, est généralement confiée à une institution différenciée, subrogée en place de la famille et sous son autorité ; l'indépendance de cette institution est entièrement relative à l'indépendance du savoir qu'elle a pour tâche de communiquer, c'est-à-dire qu'elle doit honorer le savoir en lui-même et pour lui-même et le considérer comme la fin première et essentielle de l'acte didactique.

3. *De la réforme dite « Legrand »*

Nous pouvons maintenant en venir à l'examen d'un cas typique de démence pédagogique, auquel on a donné le nom de « réforme Legrand ». Ce long détour était indispensable si nous voulions la voir dans son vrai jour, et la juger selon les vrais principes de la sagesse pédagogique. Nous serons bref, ne pouvant soumettre à la critique tous les aspects d'un bouleversement qui, ne nous y trompons pas, embrasse l'intégralité de la vie humaine. C'est pourquoi, d'ailleurs, nous ne pouvions éviter d'aborder la question en philosophe, dans son articulation la plus fondamentale.

• Il faut d'abord observer que cette « réforme » devrait s'intituler plutôt « révolution », dans la mesure même où elle se veut totale. Ainsi M. Legrand déclare, dans une « lettre ouverte aux enseignants », qu'il sera pris pour base de la discussion[36], que « les exigences d'une école démocratique unique sont radicalement différentes » de celles auxquelles on a obéi jusqu'ici. La suppression du cadre ordinaire de la classe, comme lieu de groupement essentiel de la vie scolaire, suffit à marquer ce caractère révolutionnaire. C'est dire que la « réforme Legrand » est d'abord et fondamentalement anti-traditionnelle, ce qui signifie qu'elle rejette non seulement telle tradition particulière, mais l'idée même de tradition, et qu'elle ne veut tenir ses principes que de l'idéal d'une « école démocratique unique », en d'autres termes « totalitaire », sans d'ailleurs, et pour cause, nous préciser en quoi consistent ces principes ou ces exigences – mais nous y reviendrons dans un instant.

Or, une telle volonté révolutionnaire suffit, à nos yeux, pour discréditer globalement un tel projet. Nous avons montré que toute éducation est nécessairement traditionnelle, et donc qu'une réforme

---

[36] Cette lettre a été publiée en particulier par la revue *L'Agrégation*, dans son n°278 (nov. déc. 1982), pp. 180-184. Dans son dossier n°279, la même revue a présenté sur cette question un dossier critique en tout point remarquable, dû à la plume de Guy Bayet, président de la Société des agrégés (pp. 228-239). *La Quinzaine universitaire*, organe du S. N. A. L. C. (Syndicat National des Lycées et Collèges), n°887 du 1. 12. 82, publie également un excellent dossier critique, fort documenté et clairement exposé, pp. 319-348. Enfin, le Ministère de l'Éducation nationale a publié une *Déclaration de Monsieur Savary sur les Collèges* du 1ᵉʳ février 1983, 12 pages, ainsi qu'une *Synthèse du rapport de M. Louis Legrand*, professeur à l'université de Strasbourg (en sciences de l'éducation), présenté à M. le Ministre en décembre 1982 et intitulé « *Pour un collège démocratique* », 8 pages.

n'est possible et utile qu'à condition d'être essentiellement limitée. C'est d'ailleurs là une règle générale que l'on ne devrait jamais oublier et que Montesquieu a formulée de façon exemplaire : « Dans un temps d'ignorance, on n'a aucun doute, même lorsqu'on fait les plus grands maux ; dans un temps de lumière, on tremble encore quand on fait les plus grands biens. On sent les abus anciens, on en voit la correction ; mais on voit encore les abus de la correction même. On laisse le mal, si l'on craint le pire, on laisse le bien, si on est en doute du mieux »[37].

Mais que voyons-nous depuis une vingtaine d'années ? Autant de ministres de l'Éducation nationale, autant de bouleversements drastiques de l'institution. Comment nier ce que nous avons souligné en commençant, à savoir que la question scolaire éveille en chacun de ses responsables la tentation quasi irrésistible des réformes les plus totales, alors que, pour cette raison même, on devrait soigneusement s'en garder ? Et comment voudrait-on que cette accumulation successive de réformes contradictoires et mirifiques soit supportée sans dommage par le « bâti » premier de l'institution : les élèves et les maîtres ? Quelle structure politique ou sociale résisterait à un semblable traitement ? Chaque transformation, chaque réorganisation, chaque réorientation (souvent à 180°) oblige l'organisme scolaire, déjà affaibli, à un nouvel effort d'adaptation qui l'affaiblit un peu plus. Et plus il s'affaiblit, plus la cadence des réformes s'accélère et plus leur importance s'accroît, parce que les défauts du système sont de moins en moins compensés par la vitalité naturelle du corps – c'est-à-dire le mouvement profond de la tradition – et que les urgences deviennent de plus en plus criantes. La sagesse commanderait de s'arrêter, d'attendre que les dispositions précédentes aient porté leur fruit et que l'usage ait atténué leurs défauts. Mais non. Les ministères, et surtout celui de l'éducation nationale,

---

[37] *De l'esprit des lois*, préface, éditions Garnier, T. 1, p. 6. Combien nous regrettons que les auteurs de la « réforme liturgique » aient ignoré cette vérité première, ce qui leur eût évité de plonger la religion catholique dans le désordre des choses, la confusion des esprits et l'apostasie immanente de beaucoup.

sont pleins de rêveurs intraitables, dont chacun a son « système pédagogique » qu'il brûle de mettre en œuvre depuis des années et pour quoi il courtise les puissants du jour. Insensibles aux objections, sourds à la voix du bon sens, ces idéologues en proie à la « pédagomanie » sont prêts à sacrifier des générations d'enfants sur l'autel de leurs certitudes. Rien ne les effraiera : ils sont sincères. Comme par ailleurs les ministres sont gens naturellement incompétents, mais désireux d'illustrer leur magistrature, ils accordent une complaisante attention à des propositions, sans doute délirantes, mais toujours argumentées, pleines de chiffres et de raisons. C'est ainsi qu'on donna jadis force de loi à la meurtrière « méthode globale » de lecture, de sinistre mémoire, parce que des instituteurs pédagomanes, barbouillés de psychologie, n'avaient rien compris à la *Gestalttheorie*[38].

• Et d'ailleurs, parlons-en de ce monstre qu'on appelle psychopédagogie, de cette prétentieuse et prétendue science « de l'éducation ». Car de telle science, il n'y en a mie, et point ne suffit d'accoler les noms de deux disciplines pour qu'il en naisse une troisième. On peut étudier l'histoire des systèmes éducatifs, réels ou utopiques, ces systèmes peuvent assurément susciter une discussion profitable, on peut même, avec mille précautions, mettre en garde contre quelques erreurs majeures dans l'art didactique, mais prétendre qu'il existe une science telle qu'elle établirait les lois de la bonne éducation et donc (« science d'où prévoyance, prévoyance d'où action ») permettrait de produire de bons « éduqués », c'est là tout simplement un mensonge.

---

[38] La « *Gestalttheorie* » affirme que toute perception est perception d'une forme sur un fond, ce qui est incontestable. L'erreur des pédagomanes c'est de croire que la lecture est une perception, alors qu'elle est saisie du sens d'un signe et non perception de sa forme visible. Quand on regarde une écriture qu'on ne sait pas lire, on aperçoit effectivement une forme sur un fond. Mais quand on sait lire, la forme comme telle devient quasi indifférente et n'est plus que le support presque invisible d'un sens. La méthode globale, en apprenant à percevoir la forme globale des mots, *empêche précisément qu'on puisse les lire*.

Nous l'avons montré, l'intelligence comme telle est inéducable. En réalité – et c'est là que se trouve le « noyau dur » de notre thèse – la pensée humaine n'est pas un *fonctionnement*. C'est pourtant ce que présuppose la thèse psychopédagogique, sinon elle n'a aucun fondement. Elle affirme que le comportement intellectuel de l'homme consiste dans la mise en œuvre d'un dispositif cognitif, psycho-physiologique, lui-même élaboré au cours d'une genèse dont Piaget prétend avoir analysé les stades[39], et donc que tout le travail de la science pédagogique consiste à permettre à ce dispositif de fonctionner dans de bonnes conditions. Qu'on le veuille ou non, et quel que soit par ailleurs l'intérêt de certaines analyses, cette conception – outre sa nature contradictoire – conduit nécessairement à la négation de la liberté humaine. Si l'homme peut *s'éduquer scientifiquement* – ce qui est bien le corollaire des sciences de l'éducation –, c'est qu'il n'est lui-même que le fonctionnement déterminé d'un dispositif psychocorporel. La réduction de l'homme à une machine est inscrite inéluctablement dans tout projet d'une éducation scientifique.

Mais, comme ce projet est en fait irréalisable, les pédagomanes en sont réduits à agir seulement sur les conditions les plus extérieures de l'acte intellectuel, domaine où l'on a le sentiment de pouvoir « faire quelque chose ». Hélas ! C'est là ce que nous avons appelé une « tâche zénonienne »[40]. En effet, l'analyse des conditions de possibilité de l'acte didactique nous entraîne dans un *regressus ad indefinitum*. De proche en proche, c'est la société tout entière qu'il

---

[39] « L'intelligence se structure en fonctionnant » est un des principes essentiels de Piaget ; cf. par exemple, *La psychogenèse des connaissances et sa signification épistémologique*, dans *Théories du langage. Théorie de l'apprentissage*, colloque du Centre Royaumont entre Jean Piaget et Noam Chomsky, Éd. du Seuil, 1978, p. 53. Si l'on veut savoir ce qu'est l'intellection, qu'on relise S. Thomas d'Aquin et les pages admirables que le R. P. Pierre Rousselot lui a consacrées dans *L'intellectualisme de S. Thomas d'Aquin*, Alcan, 1908, pp. 3-54.
[40] *La charité profanée*, pp. 94-96 ; rééditée sous le titre *Amour et Vérité*, L'Harmattan, 2011, pp. 65-67.

faut modifier et la réforme se mue en révolution. Elle est totalitaire, par essence.

• C'est ici, d'ailleurs, qu'apparaît le plus clairement l'idéologie sous-jacente à ce projet. À vrai dire, sa nature est tellement extraordinaire, qu'on aura peine à croire que nous n'exagérons pas. Notre titre lui-même, qui parle de pédagomanie, n'est-il pas inutilement excessif ? Et pourtant… Qu'on se souvienne du moment où, dans la célèbre pièce de Jules Romains, le docteur Knock est enfin parvenu à faire s'aliter la population entière d'une ville, et que, dans une sorte d'extase vespérale, il contemple toutes ces demeures où, au même instant, s'accomplissent les mêmes rites médicaux. Cette vision, qui nous paraît si comique, exprime simplement la force d'une « bonne intention », celle de soigner dans les règles, arrivée au terme de sa *logique*.

Le désir pédagomaniaque n'est pas différent. Mais, faute de pouvoir étendre l'institution scolaire à la totalité du corps social, il a décidé, et il est sur le point d'y parvenir, de soumettre en totalité une partie de ce corps à l'institution scolaire. Faute d'un scolarisme totalitaire – la scolarisation totale de la société –, il se contente d'un totalitarisme scolaire – l'école devient le tout de la vie des enfants et des adolescents –, avec toutefois l'espoir que cette société parfaite qu'est l'école réformée devienne le modèle irrésistible de la grande société des hommes. De toute façon, il ne saurait y avoir d'hétérogénéité trop accusée entre l'école et la société : l'une devra, tôt ou tard, s'accorder à l'autre. Et puisque, grâce aux psychopédagogues, la démocratie véritable va s'instaurer à l'école, la société scolaire deviendra le ferment libérateur de la société civile. Telle est la pure et stricte vérité[41].

C'est pourquoi M. Legrand n'hésite pas à déclarer, non seulement que les élèves doivent être « pris en charge intellectuellement et affectivement », ce qui est déjà surprenant, mais encore que les

---

[41] C'est dans cette optique que s'explique l'acharnement avec lequel le Grand Orient de France, depuis plus d'un siècle, attaque l'École libre.

« conditions d'existence familiale d'un grand nombre d'élèves rendent indispensable la prise en compte à l'école de l'enfant et de l'adolescent *dans sa totalité*. Les exigences d'une vie communautaire, celles d'un travail personnel nécessaire à l'acquisition de l'autonomie réclament des conditions matérielles, affectives et intellectuelles que la plupart des élèves du collège unique ne rencontrent pas à la maison [...]. C'est pourquoi une école démocratique ne peut être seulement un lieu de formation intellectuelle. *Elle est nécessairement un lieu de vie* [...]. Refuser cette transformation, c'est refuser en fait l'école démocratique dont on se réclame en théorie »[42].

Paroles terribles, paroles atroces, paroles assassines de toute liberté et dignité humaines ! Sous prétexte d'autonomie, M. Legrand veut socialiser l'éducation, c'est-à-dire domestiquer l'espèce humaine et l'élever dans ces centres d'hominiculture scientifique que deviendront les collèges réformés. Mais paroles véridiques, irréfutables, parce qu'elles tirent la conséquence logique de l'idée démocratique rigoureusement entendue, qui nous livre ainsi son vrai nom et nous avoue : « je m'appelle totalitarisme ».

Car ces incroyables paroles n'expriment pas seulement le mépris le plus insoutenable à l'égard des parents, de leur amour pour leurs enfants, des longues peines qu'ils ont vouées à leur soin, de la vie et des joies familiales, elles récusent aussi péremptoirement le droit sacré qu'ont les familles sur leurs enfants, et proclament ouvertement que les enfants et les adolescents appartiennent de droit et en totalité à l'institution scolaire. Non, il n'est pas beau, le visage découvert du fanatisme démocratique. C'est celui de la haine de l'homme réel.

Le corollaire du totalitarisme démocratique, c'est la passion égalitaire. Il n'y a peut-être pas de mots qui reviennent plus souvent sous la plume de M. Legrand que ces deux-là : démocratie, égalité, le second devant permettre la réalisation du premier, mais devenant en fait la seule fin poursuivie et la seule norme régulatrice, *parce*

---

[42] *Lettre ouverte aux professeurs*, *L'Agrégation*, n° 278, pp. 181 et 182. Italiques de nous.

qu'elle est la seule qu'un pouvoir politique soit en mesure de réaliser effectivement. La démocratie révolutionnaire est d'essence guillotinaire : elle coupe ce qui dépasse.

Or, il y a deux sortes d'inégalités : les inégalités de nature et les inégalités de situation. En soi, les inégalités de nature ne sont ni justes ni injustes : ce sont des faits sur lesquels nul État n'a de puissance.

La question de la justice ne se pose qu'à propos des relations que les situations entretiennent avec les natures. Ou bien il est juste qu'à des natures inégales correspondent des situations inégales, c'est le cas de la justice distributive, qui traite inégalement des choses inégales et distribue le droit selon le mérite ; ou bien il est juste de faire abstraction des différences de nature et d'égaliser les conditions, c'est le cas de la justice commutative – le terme vient de S. Thomas d'Aquin – qui règne dans les contrats et qui règle les échanges.

Mais un troisième cas peut se présenter : celui où, par exemple, une nature individuelle bien douée intellectuellement se trouve dans une situation telle qu'elle ne peut accéder à celle qui correspondrait à son mérite. Dans ce cas, l'inégalité des conditions est une injustice objective. Cependant, on le voit, la constatation de cette injustice, loin de mettre en doute la conception hiérarchique de la justice distributive, la présuppose ; nonobstant, le totalitarisme démocratique en tire la conclusion contraire. Renversant l'ordre normal des choses qui voit dans la juste situation la conséquence de la nature – à chacun la place qui lui revient –, il prétend égaliser les natures en égalisant les conditions[43], comme si les différences individuelles dérivaient entièrement des différences de situations. Et comme, en réalité, cela même est impossible – parce que c'est faux[44] –,

---

[43] C'est très exactement ce que Rousseau se propose en élaborant sa conception purement *contractuelle* de la société : *Du contrat social*, I, I, ch. VI.
[44] Il est faux, en effet, que les différences de performance intellectuelle entre les individus soient entièrement attribuables aux conditions éducatives : thèse proprement idéologique, donc, mais nécessairement impliquée par le démocratisme pédagomaniaque.

alors il procède à la neutralisation active des supériorités intellectuelles naturelles, aussi bien par la suppression des tâches où cette supériorité pourrait s'exercer, que par la disparition des indices qui la signifient (notes, compositions, classements, mentions, etc.). Car, même à l'intérieur du phalanstère scolaire, la pure égalité des conditions pourrait ne pas suffire à empêcher la résurgence des inégalités et des distinctions, ce que M. Legrand appelle des « ségrégations ». Il faut donc interdire tout appareil de mesure de ces différences : plus de thermomètre, plus de fièvre.

Pourtant, et ce sera notre conclusion, il est clair que *l'acquisition* du savoir est d'essence hiérarchique ou « élitiste », si l'on y tient. Nous l'avons montré, en effet, l'intelligence pure, par définition égale en chacun, est ingénérable et inéducable. L'instruction ne peut donc porter que sur l'apprentissage de l'outillage mental et la communication des connaissances positives. Or, posséder un outillage, c'est pouvoir s'en servir. Il n'y a donc aucun autre moyen de s'assurer de sa possession – et donc de la réussite de l'acte didactique – que d'apprécier la réussite des enseignés dans les tâches qui les mettent en œuvre. Instruire sans classer, c'est la quadrature du cercle. Et refuser toute annotation docimastique, c'est abandonner chaque conscience disciplinaire aux incertitudes de ses propres estimations.

4. Conclusion

Nous ne dirons rien des dispositions particulières de cette réforme. D'autres le feront avec plus de compétence. Nous nous demanderons seulement, pour terminer, s'il faut vraiment, la redouter. Pratiquement, quel sera son effet ?

Nul doute que le corps professoral, dans sa majorité, ne lui soit hostile, et qu'elle ne se heurte, au demeurant, à des difficultés peu surmontables de mise en œuvre. Pourtant il existe deux raisons objectives de s'inquiéter et même de redouter le pire.

La première, c'est que, par la réforme Legrand, le 1er cycle de l'enseignement secondaire est remis tout entier entre les mains de l'enseignement primaire. Or cette primarisation du secondaire est grave parce qu'elle porte directement atteinte à la dignité du savoir.

Non point que les instituteurs présentent aucune infériorité intellectuelle par rapport à leurs collègues certifiés – ce qui n'aurait aucun sens –, *mais parce que nul ne peut avoir conscience de cette dignité qui n'a payé durement pour acquérir ce savoir.* Soyons clair : le niveau des difficultés intellectuelles que rencontre un instituteur pour se former est sans commune mesure avec celui qu'affronte un agrégatif, ni avec les efforts qu'il doit fournir. Cette dure préparation ne les contraint pas seulement à acquérir des connaissances beaucoup plus approfondies et étendues – ce qui maintient la qualité de l'enseignement –, mais elle lui inculque aussi le sentiment ineffaçable de l'importance et de la noblesse du savoir en tant que tel. Nous devons constater que cette haute conscience, qui déjà se dégrade dans le corps des professeurs, ne saurait être fréquente dans le corps des instituteurs, alors qu'elle est la garantie première de la communication didactique. Mais il est vrai aussi que telle n'était pas naguère leur fonction, qui requérait plutôt de leur part l'amour des enfants et l'inlassable dévouement à la fondation du savoir.

Car la tâche de l'instituteur est fondatrice, il *institue* les bases de la connaissance, et, à ce titre, *il n'en est pas de plus importante*, et c'est cela qu'il eût fallu remettre en honneur, plutôt que de transformer les maîtres d'école en psychopédagogues et en professeurs approximatifs. Si toutefois on nous objectait que la primarisation de l'enseignement secondaire est rendue inévitable par le faible niveau de beaucoup d'élèves, alors nous répondrions qu'il suffirait de ne pas les accepter dans une classe qu'ils ne peuvent suivre, car ce sont, non seulement les meilleurs, mais encore une bonne partie des moyens qui en pâtissent.

La deuxième raison de craindre, que nous avons déjà rencontrée, c'est que M. Legrand a parfaitement le droit d'affirmer la cohérence de sa réforme avec les impératifs d'une société démocratique, et d'accuser de contradiction les adversaires démocrates de ses thèses. En somme, leur dit-il, il faut savoir ce que vous voulez. Or, la quasi-totalité des membres de l'enseignement secondaire est foncièrement favorable à la démocratie, même si la plupart n'en a qu'une idée fort vague – et précisément pour cela –, le terme ayant cessé, depuis longtemps, de désigner un type de régime politique et n'ayant plus qu'un sens purement axiologique[45]. Il y a donc là, sinon une contradiction, du moins un décalage, entre une certaine mentalité, héritée du passé, pour laquelle le savoir garde, de ses origines, une sorte de dignité sacrée, ce dont quelques-uns sont encore conscients, et ce qui confère à son acquisition une signification hiérarchique – ou élitiste –, et d'autre part la logique purement égalitariste de la démocratie. Nous ne pouvions développer présentement ce point. Nous n'avons fait que l'indiquer et peut-être aurons-nous l'occasion d'y revenir.

Il faudrait montrer, en particulier, que l'idée démocratique est purement formelle – sans contenu – et donc qu'elle n'existe que de ce qu'elle combat, c'est-à-dire de la négation de toute tradition et de toute hiérarchie. Comprenons bien, en tout cas, que ce n'est pas par esprit traditionnel que nous croyons avoir raison, mais que c'est parce que nous avons raison que nous sommes pour la tradition. Car nous avons raison, hélas ! beaucoup plus que nous-mêmes n'en avons conscience ; il ne s'agit pas d'humeur ou de tendance, mais de l'implacable logique des faits. Si les enseignants amoureux de la démocratie sont effrayés par le visage qu'en présente soudain le totalitarisme égalitaire, qu'ils écoutent donc M. Legrand leur apprendre que le « maintien de comportements sélectifs » ne peut plus être aujourd'hui que le fait « de convictions inconscientes profondes des enseignants et des parents, *convictions héritées de siècles de conditionnement hiérarchique, religieux, politique* »[46]. Voilà qui est sans ambiguïté : nous savons désormais quels sont les enjeux auxquels nous sommes confrontés.

---

[45] Axiologique est l'adjectif du nom : valeur. Nous voulons dire que la démocratie est une valeur, et non un système politique. « Démocratique » est simplement synonyme de « bon », de « bien », de « juste », de « mieux », etc., avec deux précisions : ce « mieux » concerne par principe tous les hommes et il est conditionné par la destruction du passé.
[46] *L'Agrégation*, n° 278, p. 184.

ANNEXE AU CHAPITRE XVI

LATIN ET SENS CULTUREL[47]

Parmi les raisons qui s'opposent à l'abandon du latin, il semble que la plus fondamentale et la plus décisive n'a pas été évoquée. Il faut d'abord écarter, comme non soutenable, la thèse selon laquelle il est antipédagogique de fabriquer, dès la sixième, des littéraires méprisant les sciences, ou des scientifiques méprisant les lettres. Une opposition aussi simpliste peut assurément impressionner les écrans de télévision, mais elle provoquera l'hilarité de ceux qui n'ont pas perdu tout bon sens, lorsqu'ils la confronteront à la réalité psychologique d'un enfant de dix ou onze ans.

Cela dit, il demeure que le problème fondamental de l'enseignement est celui de la communication d'une culture, et réciproquement celui de l'éveil d'un « sens culturel » chez l'élève. Ce sens culturel est informé par le « style » de la culture communiquée. Or il se trouve que le style de la culture moderne est essentiellement « spatial ». Outre la prédominance de l'image dans la plupart des communications de masse, télévision, illustrés, images – prédominance quasi hallucinatoire –, c'est le savoir abstrait lui-même qui tend de plus en plus à se présenter comme un « tableau », ou plus précisément, comme l'organisation et la structuration d'un espace conceptuel. La spatialisation conceptuelle pénètre aujourd'hui la totalité des savoirs. L'axiomatisation et la formalisation d'un texte mathématique y ressortissent directement. Le rôle que joue la notion de modèle dans les sciences de la nature en est une autre preuve non moins assurée. Enfin, l'irruption récente du structuralisme dans les

---

[47] Cet article, paru en 1969, dans la revue *L'Agrégation*, a recueilli l'approbation de plusieurs personnalités éminentes.

sciences humaines achève sous nos yeux la spatialisation conceptuelle de la connaissance scientifique. Une telle spatialisation, universellement considérée comme la mise en forme idéale de tout savoir, est liée à l'exigence d'objectivité, l'espace physique définissant le modèle de tout objet. Il en est le modèle parce qu'il constitue le critère de non-humanité. L'extériorité spatiale, c'est, en ultime instance, l'exclusion radicale de toute subjectivité. À tout le moins en est-ce l'espérance. Il est vrai que l'enseignement secondaire ne se situe pas tout entier au niveau des attitudes scientifiques que nous avons évoquées. Mais leur esprit imprègne et imprégnera de plus en plus notre civilisation. Il colonisera inévitablement l'ensemble du paysage culturel. Le malheur est que les hommes politiques et les intellectuels ne croient pas vraiment à la logique d'une idée. Lorsque Michel Foucault déduit du structuralisme la mort de l'homme, on n'y voit qu'un paradoxe ou une curiosité philosophique. Cette mort est pourtant inscrite dans le droit fil du mouvement actuel des sciences. Car l'homme, c'est l'intériorité.

Or l'intériorité est liée au temps. Et l'acquisition du *sens* de l'intériorité est liée à l'apprentissage du temps. Il est clair, en effet, que l'image psychoculturelle aujourd'hui élaborée est remarquablement plate. D'une manière générale, c'est l'homme qui constitue la transversale des œuvres culturelles, sous la forme du temps. Exclure la dimension temporelle du tableau culturel, c'est en exclure l'homme. Le structuralisme, qui privilégie les états du système sur son devenir, y voit le « prix » de l'objectivité. Mais l'étalement objectal abolit perspective, profondeur et relief. Ainsi notre époque fabrique-t-elle du non-humain, c'est-à-dire du scientifique. Le problème fondamental de l'enseignement est donc de sauvegarder le sens de la temporalité culturelle à défaut duquel, répétons-le, il n'y a pas de place pour l'homme dans le savoir. Si l'on contestait cependant le rapport privilégié du temps avec l'humain et le vital, nous rappellerions l'unanimité assez surprenante des grandes philosophies à cet égard.

Il nous paraît que l'étude du latin est la seule propre à l'apprentissage temporel. On pourrait faire valoir que l'étude de l'histoire et la lecture des textes anciens traduits suffiraient à procurer aux esprits un passé culturel. Mais là précisément est l'erreur. Constituer un passé culturel, c'est encore aliéner l'esprit dans une culture-tableau, dans une culture par représentation. Car, quoi qu'on fasse, il y aura toujours une infranchissable discontinuité entre le récit et l'auditeur. Il ne s'agit pas de constituer un passé, mais de mettre à la disposition des élèves un présent ou plutôt la présence d'une profondeur temporelle à laquelle *ils participent.*

Or, en dehors de la tradition religieuse, il n'existe aucun autre *moyen* d'éveiller le sens d'une « profondeur » de la culture que la langue. *A priori*, et nonobstant toute autre considération, il n'y a au fond aucune différence entre un élève romain du Ier siècle avant J.-C. déclinant *rosa* et un élève de 6e le faisant aujourd'hui. Sans doute, toute langue ancienne est apte à rendre ce service. Mais il se trouve, pour des raisons évidentes, bien que contingentes, qu'aucune langue et pas même le grec n'appartient, comme le latin, à la durée de notre culture. Alors, à travers six ans d'étude, et même si en fin de compte il ne peut lire Virgile *aperto libro*, l'élève, par mille informations et progressive maturation, s'introduit lui-même dans cette perspective temporelle où la liberté des œuvres humaines trouve sa respiration et par laquelle seules ces œuvres acquièrent vie et relief. Alors que toutes les sciences humaines se tournent vers la langue comme vers leur référence commune, il semble que dans les débats suscités par l'abandon du latin, nul n'ait songé à elle, non seulement comme véhicule ultime de la culture, mais surtout comme sa dimension vécue et vivante, temporelle et proprement humaine. Aucun apprentissage ne peut remplacer celui-là.

C'est donc à la totalité des élèves du second degré qu'il faut étendre l'étude du latin. En dépit du caractère utopique de cette proposition, elle seule pourrait assurer la « secondarité » d'un enseignement. Ainsi, le latin n'est pas indispensable parce que le français en dérive, ni parce qu'il constituerait une gymnastique intellectuelle irremplaçable, ni parce qu'il donne accès à une civilisation exemplaire. Toutes ces affirmations, assurément défendables, ne sont pourtant pas décisives. Mais le latin est indispensable parce qu'il fournit la possibilité de parler ou même simplement d'ânonner aujourd'hui une langue qui était parlée il y a deux mille ans. Il remplit donc une fonction culturelle qu'il est le seul à pouvoir assumer. On a souvent dit que la culture n'était pas la simple communication d'un savoir. Elle est aussi, et en même temps, une perspective sur ce savoir. La fonction-perspective de la culture est aussi indispensable que sa fonction-savoir, car elle seule permet à l'homme de prendre, par rapport au savoir objectif, ce que Ruyer a appelé une « distance psychique ». Elle fournit à la science une conscience, donc une liberté. Tout le problème revient à faire accéder les jeunes esprits à la culture-perspective, à leur en donner le goût, puis à la leur faire assentir et saisir, enfin à les y introduire. Se pose alors le problème du moyen propre à actualiser la culture-perspective, à en donner l'habitude, à l'exercer. Le savoir moderne étant a-perspectiviste dans sa forme actuelle, il ne reste que le latin, mémoire culturelle, qui puisse le fournir.

Peut-être objectera-t-on que c'est désormais au français à remplir cette fonction. Cette objection n'est pas pour nous déplaire. Car outre que l'étude de l'ancien français se passe malaisément du latin, comment ne voit-on pas, et en vertu même des principes du structuralisme, dont la philosophie nous paraît si mortelle pour le genre humain, comment ne voit-on pas que toute structure étant différentielle, la structure latin/langue morte, français/langue vivante, sera inévitablement remplacée par une structure du type : français/langue morte, français/langue vivante. On aboutira donc exactement à l'opposé du résultat recherché et le petit Français vivant se sentira définitivement coupé d'une littérature morte. Après tout, pour celui qui vient de traduire Cicéron, Corneille est un contemporain. Mais il faut ajouter aussi qu'en fait, on n'apprendra pas l'ancien français comme on apprend le latin, et que le ferait-on, il s'agirait toujours malgré tout de français, et donc que le dépaysement culturel nécessaire à l'établissement de la distance psychique ne serait pas réalisé.

Ainsi, on peut soutenir, à la limite, qu'*en soi* le latin n'a aucune importance et que sa connaissance ne sert strictement à rien. Mais le problème n'est pas là. Inutile en soi si l'on veut, il est rigoureusement indispensable par le sens vécu de la durée culturelle à laquelle il donne de *participer*. Et qui contestera qu'entre étudier aussi complètement qu'il est possible un mouvement de natation et nager il y a un abîme que la totalité du savoir théorique est impuissante à combler ? De même entre philosopher sur la culture-perspective et y participer, serait-ce à notre insu. On peut donc oublier, dans le pire des cas, tout le latin que l'on a appris. C'est sans importance. Il peut s'effacer, sa tâche accomplie, puisqu'il a ouvert intérieurement mon regard culturel. Faute de quoi, l'enseignement fabriquera et fabrique déjà des générations d'esprits parfaitement plats, dont la surface culturelle sera aussi étendue et aussi structurée et formalisée qu'on voudra, mais auxquels il manquera cette dimension transversale où l'homme peut *se situer*. Et sans doute faut-il prévoir que les hommes la chercheront ailleurs, dans ce que d'aucuns appellent la révolution culturelle, et qui n'est rien d'autre que la dissolution psychique.

CHAPITRE XVII

L'IDÉE DE PROGRÈS

Il est hors de doute que l'idée de progrès constitue l'un des thèmes majeurs de notre civilisation. Il est non moins incontestable que cette idée fut ignorée durant des millénaires. Faut-il en conclure que la réalité représentée par cette idée est également nouvelle, en sorte que notre civilisation devrait être considérée comme supérieure à toutes celles qui l'ont précédée ? Pour répondre à cette question, il faut d'abord analyser le concept de progrès pour lui-même, dans son essence, et tenter ensuite de saisir les raisons de son apparition dans l'histoire.

1. *les trois critères de progrès*

• Tout d'abord, l'idée de progrès peut correspondre à une constatation. Il y a progrès, dira-t-on, lorsque, dans un processus déterminé, l'état ultérieur est supérieur à l'état antérieur. Notons premièrement que le progrès concerne toujours un processus en devenir propre, c'est-à-dire en devenir par rapport à lui-même, et pas seulement par rapport au devenir général de l'écoulement temporel, sinon, tout processus se déroulant dans le temps devrait s'analyser en termes de progrès, ce qui est absurde. Écrire une phrase est un processus. Mais le complément n'est pas en progrès sur le verbe du fait qu'il lui est, en français, postérieur. D'autre part, le progrès établit une relation de comparaison entre deux états de ce devenir. Or, pour que la comparaison soit valable, il faut qu'elle soit établie entre des éléments comparables. Enfin, puisqu'il ne s'agit pas seulement d'apprécier un changement, mais de juger d'une supériorité, il faut disposer d'une norme de référence à laquelle chacun des états considérés sera rapporté afin de déterminer son degré de conformité à la norme. Tels sont les critères auxquels doit satisfaire le jugement de progrès. Ils sont au nombre de trois : un processus en devenir propre (1), une relation de comparaison entre éléments comparables (2), une norme appréciative (3)[48].

• Ainsi définie, l'idée de progrès a un sens. Mais il est bien évident, comme nous le verrons, qu'on lui a donné une extension démesurée. Soit l'exemple d'un enfant qui « apprend » à marcher – nous mettons le mot apprendre entre guillemets parce que la marche n'est pas tant un véritable apprentissage qu'un développement naturel. La marche est un processus déterminé. Au stade de l'apprentissage, ce processus est en devenir (1). Nous pouvons comparer les mouvements locomoteurs de l'enfant (2). Enfin, la norme appréciative est facile à saisir : atteindre la fin poursuivie, savoir la bonne marche qui est un équilibre moyennant une succession de déséquilibres (3).

D'autres exemples seraient probants. D'une manière générale, chaque fois que nous avons affaire à un processus de développement ou d'apprentissage, il est possible de parler de progrès. Ces processus, d'ailleurs, ne sont pas limités à l'individu. Ils peuvent concerner des groupes humains plus ou moins étendus, et caractériser alors des réalités non plus naturelles, mais culturelles. On peut ainsi parler des progrès d'une religion – on remarquera qu'on parle presque toujours, dans les cas que nous avons envisagés, de progrès au pluriel et non *du* progrès – puisqu'on satisfait alors aux trois critères que nous avons définis : une religion, à partir de son origine, connaît une phase de développement et d'expansion (1) ; on peut comparer les surfaces successives de ces zones d'expansion (2) ; enfin, dans ce processus de développement la religion réalise de mieux en mieux son exigence initiale et permanente d'universalité (3). Peut-on en conclure que plus le temps passe, plus la religion est parfaite ? Que plus l'enfant grandit, plus sa marche est parfaite ? Non. Il arrive un moment où tout processus en devenir propre atteint, sous le rapport déterminé qui fonde le jugement de progrès, un terme qui est sa

---

[48] Les chiffres (1), (2), (3) identifient les trois critères de progrès et les rappellent au cours du texte.

maturité. Sans doute une danseuse marche-t-elle mieux que l'homme ordinaire, chacun de ses pas est une œuvre d'art, mais elle aussi connaît une limite. On peut même soutenir que sous d'autres rapports que le rapport considéré, il y a régression. L'enfant qui sait marcher perd la souplesse quasi élastique du petit bébé. La station verticale brise certainement avec la sphéricité vitale du premier âge. Savoir marcher, c'est apprendre aussi que jamais nous n'atteindrons le bord de l'espace.

On objectera sans doute qu'il y a des cas incontestables de progrès techniques dont l'histoire nous rapporte les détails. Comment le nier ? Cela pourtant n'infirme pas notre analyse : l'idée de progrès n'a de sens qu'au regard de son terme. Considérons d'abord les techniques de base, celles qui concernent la vie quotidienne. Les instruments nécessaires à cette vie connaissent-ils un progrès indéfini ? Nullement. La fourchette, avant de parvenir, à la fin du XVIIe siècle, à sa *forme* actuelle, a connu une assez longue évolution, mais ne peut être améliorée, seule sa matière peut changer. Même constatation pour la cuillère, le couteau, la paire de ciseaux, les tenailles, la bêche, la pioche, la scie, le rabot, le bédane, etc. La bonne forme se cherche ; une fois trouvée, elle ne bouge plus, ou si peu que rien.

Les techniques plus élaborées n'échappent pas à cette loi. La bicyclette se cherche, de la draisienne, vers 1800, au vélo actuel, vers 1900. Depuis cette date, elle ne change plus, sauf pour ce qui est de sa matière ou de quelques améliorations secondaires. Prenons le cas d'une réalisation technique qui est un véritable chef-d'œuvre, celui du moteur à explosion fonctionnant à l'essence : la bonne forme, mise au point vers 1883, ne varie plus ; ce qui implique que cette bonne forme est régie par la plus stricte nécessité : un « ingénieur martien », pour le même usage et dans les mêmes conditions, aboutirait au même produit, à la même disposition des organes du moteur et au même fonctionnement, sauf peut-être quant à la disposition des pistons.

Allons encore plus loin, vers des sommets de science et de technologie. L'emploi de l'énergie atomique tend aussi vers une limite : qu'il s'agisse des centrales atomiques, des armes de destruction ou de tout autre usage, les procédés de sa production n'ont guère changé depuis un demi-siècle. Quant au développement prodigieux du traitement électronique de l'information (ordinateurs, moyens de communication, etc.), de bons mathématiciens estiment qu'il approche de ses limites.

À quoi il faudrait ajouter deux considérations.

Tout d'abord, la bonne forme est celle qui permet le mieux d'atteindre le but recherché. C'est donc le but qui détermine sa « bonté » et rend possible son appréciation, justifiant qu'on parle de progrès. Mais la définition du but recherché n'est jamais simple. L'innovation technologique obéit à l'urgence du besoin tel qu'il se fait sentir et tel qu'il est perçu socialement, rendant inattentif à d'autres aspects auxquels le remède proposé peut nuire. On parle alors des méfaits du progrès : ainsi l'emploi des pesticides élimine radicalement les insectes « nuisibles », mais détruit aussi les insectes indispensables à la fécondation des fleurs, telles les abeilles. Il n'y a donc pas de progrès absolu. Ce que l'on gagne d'un côté, on peut le perdre irrémédiablement de l'autre.

D'autre part, tout développement en devenir propre d'une technique quelconque suppose la continuité – et donc la conservation – des perfectionnements successifs. Or, il y a des techniques qui se perdent, des procédés et des mises au point dont il n'existe plus de trace : la survenue d'autres techniques, plus performantes, moins coûteuses ou résultant de toute autre raison – cataclysmes, révolutions, etc. – en a effacé le souvenir dans la mémoire des hommes. Il y a des ruptures technologiques comme il y a des ruptures épistémologiques. Là même où les procédés techniques ont été mis par écrit, leur préservation dépend de la « durée de vie » de leur support écrit, comme de la compréhension des signes d'écriture, hiéroglyphes ou algorithmes, ce qui rend aléatoire leur transmission. Et cela vaut pour des techniques récentes. Ainsi les plans directeurs qui, il y a cinquante ans, ont permis la construction de certaines centrales atomiques ont été parfois égarés, ou le plus souvent gardés sur des supports électroniques (*hardware*) d'une « durée de vie » qui se révèle, en réalité, considérablement plus courte que celle d'un papyrus égyptien, sans parler du problème que pose le déchiffrement d'algorithmes dont les premiers utilisateurs ont disparu ; si bien que la réparation de ces centrales devient très difficile.

Ces conclusions s'imposent et disqualifient l'idée d'un progrès indéfini et universel. N'y aurait-il pas, cependant, un domaine où il serait possible de parler d'un tel progrès, celui de la religion ?

Sous le rapport de son expansion on constate qu'il y a eu un progrès du christianisme du Ier siècle au XXIe. Mais sous le rapport de la foi ? Sous le rapport de la vertu de religion ? Sous celui de la Révélation ? Ne serait-ce pas le contraire ? Une religion n'est-elle pas parfaite dans la personne de son fondateur ?

Il y aurait lieu, cependant, pour conférer à l'idée de progrès, toute l'ampleur dont elle est susceptible, d'envisager une troisième sorte de processus, en plus des processus naturels et culturels : ceux que nous appellerons spirituels. Dans sa montée vers Dieu, l'âme humaine, d'une certaine manière, ne connaît pas de terme : cette montée est aussi éternelle que son Objet. On peut ici parler d'un progrès sans fin, bien qu'alors on soit au-delà des catégories critériologiques définies plus haut ; devenir propre, relation de comparaison, norme appréciative. Ce *progressus ad infinitum*, comme une danse sacrée, va de perfection en perfection, inépuisablement. Mais c'est une danse immobile, parce qu'en réalité la Perfection suprême est unique, éternellement nouvelle. Il n'y a de progrès infini que vers l'Infini.

2. *Du pluriel au singulier*

• L'idée de progrès devait connaître une fortune singulière, à tel point qu'on fut amené à parler de progrès en soi, de progrès dans l'absolu, et qu'aujourd'hui cette notion est passée à l'état de dogme. En passant du pluriel au singulier, du relatif à l'absolu, nous estimons que l'idée de progrès a perdu toute signification légitime, et qu'elle présente tous les caractères d'une superstition. Nous allons d'abord donner quelques exemples de cette religion du progrès qui pourrait se définir comme la supériorité intrinsèque du futur sur le passé.

Bien qu'apparaissant déjà chez Pascal – mais limitée au processus scientifique[49] –, l'idée de progrès absolu prend forme au XVIIIe siècle, particulièrement chez Condorcet qui écrit : « Si, comme je le crois, le perfectionnement indéfini de notre espèce est une loi générale de la nature, l'homme ne doit pas se regarder comme un être borné à une existence passagère et isolée ; il devient une partie active du grand tout, et le coopérateur d'un ouvrage éternel ».

Chez Auguste Comte, la théorie du progrès (avec celle de l'ordre) devient le dogme philosophique essentiel : « Sous l'aspect le plus systématique, la nouvelle philosophie assigne directement, pour destination nécessaire à toute notre existence, à la fois personnelle et sociale, l'amélioration continue, non seulement de notre condition, mais aussi et surtout de notre nature, autant que le comporte, à tous égards, l'ensemble des lois réelles, extérieures ou intérieures. Érigeant ainsi la notion du progrès en dogme vraiment fondamental de la sagesse humaine, soit pratique, soit théorique, elle lui imprime le caractère le plus noble en même temps que le plus complet, en représentant toujours le second genre de perfectionnement comme supérieur au premier ». Il s'agit donc bien d'un perfectionnement non seulement de nos conditions de vie, mais encore de notre nature. Ajoutons d'ailleurs que, très conscient de la nécessité logique d'une norme appréciative, A. Comte pense pouvoir la trouver dans la notion d'humanité : « cette idéale prépondérance de notre humanité sur notre animalité remplit naturellement les conditions essentielles d'un vrai type philosophique, en caractérisant une limite déterminée, dont tous nos efforts doivent nous rapprocher constamment sans toutefois y atteindre jamais ».

Chez Renan, le caractère religieux du progrès est aussi très accentué : « Deux éléments, le temps et la tendance au progrès, expliquent l'univers […]. Sans ce germe fécond du progrès, le temps reste éternellement stérile. Une sorte de ressort intime, poussant tout à la

---

[49] Pascal prolonge un thème illustré au XIIe siècle par la célèbre déclaration de Bernard de Chartres : « Nous sommes des nains juchés sur des épaules de géants (les Anciens). Nous voyons ainsi davantage et plus loin qu'eux ».

vie, et à une vie de plus en plus développée, voilà l'hypothèse nécessaire [...]. Il faut la tendance à être de plus en plus, le besoin de marche et de progrès [...]. Nous saisissons plusieurs phases d'un développement qui se continue depuis des milliards de siècles avec une loi fort déterminée. Cette loi est le progrès qui a fait passer le monde du règne de la mécanique à celui de la chimie, etc., etc. ». Renan évoque ici le passage de la matière à la vie et de la vie à la conscience : « Le progrès vers la conscience est la loi la plus générale du monde ». Cette évocation – faut-il le dire ? – est du pur roman, et ne repose sur aucune base scientifique. Puis, il termine dans un style qui annonce déjà Teilhard de Chardin : « Ni l'être ni la conscience ne finiront. Il y aura quelque chose qui sera à la conscience actuelle ce que la conscience actuelle est à l'atome... Dieu alors sera complet, si l'on fait du mot Dieu le synonyme de la toute existence. En ce sens, Dieu sera plutôt qu'il n'est : il est *in fieri*, il est en voie de se faire ».

On comprend, au vu de ces quelques citations, que Cournot ait pu écrire, en 1872, que l'idée de progrès était devenue « le principe d'une sorte de foi religieuse pour ceux qui n'en ont plus d'autre ».

Cependant, cette idée d'un progrès à la fois inévitable et impérieux n'embrumait pas seulement quelques cervelles philosophiques. Quittant l'ombre solitaire des pensoirs, elle se répandait par tous les pays d'Occident, s'emparant également de tous les esprits, se répétant en échos amplifiés dans la littérature, la poésie, la science, la politique et les journaux avant de s'imposer également aux pays d'Orient. Elle perd ainsi tout contour défini, tout sens précis. Elle échappe à toute critique, à toute exigence de preuve, à toute vérification par la réalité. Tout doit lui être sacrifié. Celui qui doute de sa validité ne fait plus partie des humains ; sa voix, à peine entendue, est écrasée sous mille exécrations. Passée définitivement à l'idée de vérité éternelle, l'idée de progrès flotte au-dessus du genre humain, comme un guide lumineux et tout-puissant.

On peut cependant essayer de retrouver quelques composantes essentielles de cette idée, ou, ce qui revient au même, quelques-unes des étapes historiques de son absolutisation.

La première étape de cette absolutisation résulte de la révolution scientifique qui s'opère, à partir du XVIe siècle, avec Copernic, puis Galilée, Kepler, Descartes, Pascal, Leibniz, Newton et tous les savants du XVIIe siècle. Apparaît alors l'idée d'une caducité définitive de la science antique, que résume le nom d'Aristote. Ce qui engendre chez beaucoup le sentiment nouveau d'une supériorité automatique du présent sur le passé.

Est-il donc vrai qu'il suffit de venir après les autres pour être plus savant, et partant, plus puissant ? En fait, s'il en était bien ainsi, alors la loi de progrès devrait se vérifier aussi dans le passé. On est loin de compte. Du VIe siècle avant Jésus-Christ, époque à laquelle remontent les connaissances historiques certaines, jusqu'à l'extrême fin du Moyen Âge, donc en deux mille ans environ, on ne voit pas de progrès scientifique majeur et continu, rien de comparable, en tout cas, à ce qui s'est produit dans les trois derniers siècles. Il est clair que Thierry de Chartres, Abélard ou Léonard de Pise ne sont pas tellement plus savants qu'Aristote ou que Pythagore.

Cette simple remarque suffit à renverser la thèse du progrès nécessaire. Il faut qu'il se soit passé autre chose au XVIe siècle qu'une accumulation automatique du savoir. Ce qui est apparu, en fait, c'est un nouvel *esprit*, grâce auquel la possibilité scientifique a pu se développer, alors qu'avant, un esprit différent interdisait aux mêmes virtualités scientifiques de s'inscrire dans un processus de progrès. Cet esprit est celui qu'Auguste Comte appela l'esprit positif : il consiste très exactement à se détourner d'une connaissance contemplative pour se tourner vers une science technicienne : « savoir c'est prévoir, prévoir pour agir ». En ce sens, les analyses d'Auguste Comte nous paraissent tout à fait incontestables.

L'exemple scientifique est intéressant parce qu'il fournit déjà tous les éléments qui rendent l'idée de progrès (absolu) si contradictoire : cette contradiction est celle de la continuité et de la nouveauté. Le progrès – relatif – suppose l'amélioration dans la continuité. Nous en avons vu des exemples. Telle quelle, cette notion est parfaitement cohérente.

Mais l'idée de progrès – absolu – n'apparaît effectivement et historiquement, que dans la discontinuité, dans une « rupture épistémologique », dirait Bachelard. En ce sens, il n'y a pas progrès de la science aristotélicienne à la science galiléenne, mais « émergence » d'autre chose à quoi Aristote n'avait jamais pensé : la science galiléenne n'est pas un perfectionnement de la science aristotélicienne, elle en est la négation, le refus, la mort. Peut-être l'humanité – connue – n'a-t-elle jamais vécu pareille révolution. Les Galiléens ne sont pas, quoi qu'en dise Pascal, les héritiers des Anciens. Ils en sont les meurtriers. Hommes vraiment nouveaux, ils n'ont pas d'ancêtres.

Pourtant ils ne peuvent pas penser cette nouveauté comme telle, la « thématiser », sans aussitôt en accuser la radicale contingence. L'existence se justifie par généalogie. Légitimer ce que l'on est, c'est exhiber son père. C'est pourquoi la rupture épistémologique se thématise sous la forme du progrès. L'homme moderne se voit comme le résultat heureux d'une évolution multiséculaire, non comme un accident historique. Cette évolution n'est en fait qu'une généalogie fictive, un passé reconstruit pour rendre raison du présent. L'idée de progrès introduit bien une perspective temporelle, mais dont la fonction est beaucoup plus de justifier le présent que d'éclairer le passé. Le progrès, c'est maintenant. La vérité, c'est le présent.

L'idée de progrès franchit une deuxième étape avec le bouleversement politique et social que représente la Révolution française de 1789. Après l'élan inaugural que lui imprime la révolution scientifique, elle accède ainsi à la pleine conscience d'elle-même et se formule en *philosophie de l'histoire*, dont elle est le vrai sens, et définit par là le destin de l'humanité tout entière. Ces trois notions : progrès, humanité, histoire sont étroitement connexes, et finalement contemporaines. C'est alors que le progrès devient vraiment absolu. Il n'est plus seulement progrès des connaissances scientifiques, mais progrès tout pur, en soi, et perd ainsi toute mesure. C'est la naissance du progressisme.

À l'intérieur du processus scientifique, c'est-à-dire en partant de Galilée comme origine historique, on pouvait encore parler de progrès d'une manière critériologiquement satisfaisante. Newton réussit mieux ce que Galilée voulait réaliser. Mais la thèse du progrès universel (Condorcet) est une idée sans contenu. Une idée ? Non, plutôt un thème névrotique qui focalise toutes les aspirations humaines. Le marxisme se ramène tout entier à ce thème névrotique autour duquel Marx, Engels, et leurs épigones ont cristallisé une série de constructions spéculatives, beaucoup plus proches de la fiction que de la science véritable. Nous retrouvons ici ces généalogies imaginaires qui déjà apparaissent sous la plume de Renan et que l'on retrouvera, portées à une sorte de perfection, chez Teilhard de Chardin. Ainsi Marx projette-t-il sur tout le passé humain un schéma explicatif de type économique, que ce passé ignore. Mais même s'agissant du XIXe siècle, les analyses de Marx se révèlent beaucoup plus « morales » ou « politiques » que scientifiques. Sa conception de la valeur est insoutenable. La véritable science économique n'en tient à peu près aucun compte. Des prévisions qui découlaient de sa théorie ont toutes été infirmées par les faits. Là où la théorie était appliquée, elle a conduit à une réussite politique et à un échec économique. Mais rien n'y fait. Aucun démenti n'est de taille à contrebalancer le poids formidable de l'idée de progrès[50].

• La troisième étape correspond à l'apparition de la théorie évolutionniste. Elle étend l'idée de progrès au cosmos tout entier. Ce n'est plus seulement l'humanité qui est entraînée dans un processus de perfectionnement indéfini, mais c'est la réalité physique qui possède une histoire et qui, à travers des phases que l'imagination ne se lassera jamais d'inventer, même si la nature n'en fournit aucune, accède progressivement à l'Esprit absolu. Teilhard accomplit Hegel, en ajoutant aux « figures historiques » de l'Esprit les « figures de la Matière ». A. Comte assignait au progrès une double fonction : amélioration de la condition humaine, et amélioration de la nature

---

[50] Ces analyses sont reprises et développées dans notre livre *Marxisme et sens chrétien de l'histoire* (L'Harmattan, collection « Théôria »).

humaine. Si le progressisme politique apporte la promesse de la première, le progressisme biocosmique apporte la certitude de la seconde. Nous sommes des mutants de la conscience. L'homme est le présent de la Sainte Évolution. Mais il dessine déjà le visage du futur. En lui s'amorce le Dieu du plérôme cosmique, en route vers le transhumanisme.

Qui niera le succès prodigieux de l'œuvre teilhardienne ? Pourtant, elle repose tout entière sur l'hypothèse évolutionniste dont la fragilité est telle que l'un de ses plus fermes partisans, Jean Rostand, déclara un jour publiquement, que c'était « du roman ». Mais, ajouta-t-il, « c'est un beau roman ». De cette hypothèse, aucun modèle intelligible jusqu'à maintenant n'a pu être construit. Elle n'a jamais servi à faire une seule découverte en biologie. Aucun fait paléontologique ne contraint absolument à y recourir. Ce nonobstant, elle est enseignée partout comme une vérité définitive, elle envahit tous les domaines, depuis les livres d'animaux pour enfants jusqu'aux traités de théologie. Tous les croyants de la fiction évolutionniste sont-ils de mauvaise foi ? Non. Mais elle fournit si bien un contenu à l'idée de progrès, elle correspond si bien à nos désirs les plus profonds, qu'en toute inconscience scientifique, nous l'érigeons en dogme. Elle devient, elle est devenue, la composante essentielle de la mentalité moderne. Elle est si bien mêlée à toutes nos pensées, nos rêveries, à tous nos espoirs, que nul ne peut la mettre en doute sans un effort quasi surhumain.

• Tels sont, nous semble-t-il, les trois éléments constitutifs de l'idée de progrès. On voit que cette idée règne tant sur le plan de la mentalité commune que sur celui de la pensée scientifique, en particulier sur celui des sciences humaines. Paléontologie, ethnographie, ethnologie, préhistoire, histoire, sociologie, psychologie, linguistique, tout est vu dans une perspective d'évolution et de progrès.

De bonne foi, des millions et des millions de nos contemporains rêvent à un homme des cavernes, vêtu de peaux de bête, brute confuse et grave qui regarde, avec effarement, le soleil se lever sur la forêt. Il pousse parfois un grognement plaintif, et l'Occidental moderne, attendri, contemple en lui les prémisses d'où surgira cette pure merveille, ce chef-d'œuvre d'intelligence et de beauté, l'homme d'aujourd'hui.

Or, aucune donnée scientifique ne peut étayer une pareille vision ; or, la moindre peinture pariétale révèle une perfection esthétique proprement insurpassable ; or, nous ne savons à peu près rien de cet homme dit « des cavernes ». Qu'à cela ne tienne ! Le postulat progressiste est là pour répondre à toutes les questions. Puisque nous sommes parvenus si haut, il a bien fallu que nous commencions si bas. Les hommes d'autrefois étaient unanimement de grands enfants, naïfs, superstitieux, illogiques ou prélogiques, bref de vrais imbéciles, mais sympathiques tout de même. Et puis, voyez-vous, avec les moyens dont ils disposaient… Qu'on relise Rousseau, en particulier les notes de *Second Discours*, et l'on verra une vive imagination se donner carrière dans la science-fiction du passé. En gros, les conceptions de Jean-Jacques sont aussi les nôtres, si même il n'en est pas le principal responsable. Ajoutons-y quelques peintures de Cormon, cent vers de V. Hugo, du Rosny aîné, quelques films en technicolor, et nous ne voyons pas que l'« image de marque » qui en résulte soit très différente de celle que fournissent les ethnologues.

3. La malédiction du progrès

• Il est temps de conclure une étude qui exigerait, pour être complète, de plus amples développements. Il nous semble que l'idée de progrès recèle une sorte de malédiction qui découle d'ailleurs de sa contradiction fondamentale, ou même de ses multiples contradictions. Nous formulerons brièvement cette malédiction en disant que, sur le plan théorique, l'idée de progrès rend le devenir inintelligible, et que, sur le plan pratique, elle rend l'homme malheureux.

• Spéculativement, l'idée de progrès rend le devenir inintelligible parce que, comme nous l'avons dit, elle utilise inconsciemment deux concepts antinomiques, ceux de continuité et de discontinuité. Nous pourrions dire de même que l'idée de progrès – absolu – détruit l'idée de progrès – relatif – dont pourtant, comme nous l'avons montré, elle n'est qu'une extension. Dans le progrès absolu on ne considère aucun processus déterminé, mais tout processus en général. On compare n'importe quoi à n'importe quoi, par exemple on compare un symbole peau-rouge de la divinité – un cercle et un point – avec telle définition d'une théodicée philosophique et l'on conclut à la supériorité de la seconde sur la première sous prétexte que la première est inapte à l'abstraction, alors qu'en réalité le symbole est bien plus riche et plus vrai que le concept. Enfin, il n'y a pas de norme de référence. On dira peut-être que cette norme, c'est la fin de l'histoire chez Marx, la conscience chez Renan, le point Oméga chez Teilhard. Mais ce ne sont point là des normes, tout au plus des espérances, combien vagues et incertaines. Ce sont des imaginations du futur qui répondent à l'imagination du passé qu'est le progrès… En fait, le progrès absolu est à lui-même sa propre norme.

Illustrons brièvement notre thèse, par rapport au passé d'abord, à l'avenir ensuite. Voici le passé inintelligible. En effet, s'il y a progrès évident, c'est que notre présent constitue un miracle de supériorité par rapport au passé. Mais alors, si les siècles passés étaient plongés dans de pareilles ténèbres, comment ont-ils pu donner naissance à l'homme d'aujourd'hui ? Et s'ils étaient capables de préparer l'homme moderne, c'est donc à eux que l'homme moderne est redevable de sa supériorité ? Ou bien l'homme a de tout temps été cette merveille d'intelligence, ou bien l'homme moderne est aussi bête que ses ancêtres. D'ailleurs, ce n'est pas seulement le passé comme tel qui est rendu inintelligible, ce sont aussi ses œuvres. N'y voir que les balbutiements préparatoires aux claires paroles du temps présent, ne saisir dans ces œuvres que ce qu'elles annoncent des nôtres, c'est se condamner d'emblée et résolument, à les ignorer dans leur signification véritable, laquelle, ne l'oublions pas, ne cherchait nullement à exprimer un moment de la conscience humaine, mais visait toujours l'éternel.

Voici maintenant le futur inintelligible. En effet, s'il y a progrès, quelles que soient les merveilles du temps présent, alors elles ne sont rien par rapport aux miracles futurs. Si par rapport à l'homme d'aujourd'hui, l'homme d'autrefois est une montagne d'ignorance, par rapport à l'homme futur, l'homme d'aujourd'hui ne vaut pas mieux. Peut-on encore parler d'un progrès ? Non, notre présent est dévoré par le Moloch insatiable du futur, tous nos miracles nous sont volés par ce comparatisme universel, nous sommes de pitoyables « évolués », les déchets en sursis que le torrent de l'évolution rejette sur les berges de l'histoire.

« Il est, dit Baudelaire, encore une erreur fort à la mode, de laquelle je veux me garder comme de l'enfer. – Je veux parler de l'idée du progrès. Ce fanal obscur, invention du philosophisme actuel, breveté sans garantie de la Nature ou de la divinité, cette lanterne moderne jette des ténèbres sur tous les objets de la connaissance. [...] Cette idée grotesque, qui a fleuri sut le terrain pourri de la fatuité moderne, a déchargé chacun de son devoir, délivré toute âme de sa responsabilité, dégagé la volonté de tous les liens que lui imposait l'amour du beau : et les races amoindries, si cette navrante folie dure longtemps, s'endormiront sur l'oreiller de la fatalité dans le sommeil radoteur de la décrépitude. Cette infatuation est le diagnostic d'une décadence déjà trop visible.

« Demandez à tout bon Français qui lit tous les jours *son* journal dans son estaminet ce qu'il entend par progrès, il répondra que c'est la vapeur, l'électricité et l'éclairage au gaz, miracles inconnus aux Romains et que ces miracles témoignent pleinement de notre supériorité sur les anciens ; tant il s'est fait de ténèbres dans ce malheureux cerveau et tant les choses de l'ordre matériel et de l'ordre spirituel s'y sont si bizarrement confondues ! »[51]

• Mais le progrès n'est pas seulement fatal, il est aussi impératif. « On n'arrête pas le progrès » est un des slogans favoris de la sottise moderne. Et c'est pourquoi, sur le plan pratique, l'idée de progrès révèle aussi sa malédiction. Cette contradiction d'un progrès à la fois destin inévitable et exigence impérative conduit à ne jamais se satisfaire du moment présent. Ici aussi, ici surtout, nous voyons le progrès absolu dévorer les progrès relatifs et même parfois les interdire. Car tout progrès relatif a un terme qui le définit, et sans lequel il perd son sens. Il faut s'arrêter, disait Aristote. Il faut que notre

---

[51] *Œuvres complètes*, Le Nombre d'Or, t. I, pp. 484-485.

tâche ait une fin, et qu'un jour « l'ouvrage soit faite ». Mais en vertu du progrès indéfini, l'ouvrage n'est jamais fait. Nous voyons alors une civilisation embarquée tout entière dans une course au progrès sans fin. Partout, dans tous les domaines, il faut produire plus, plus vite, et mieux, et consommer de même. Pourtant le bon sens nous apprend que *cela n'est pas possible*, qu'il ne peut pas y avoir toujours plus de voitures, de frigidaires et de supermarchés. Le bon sens et le raisonnement aussi, car bien des sociologues savent que si l'on extrapole les courbes actuelles de production, on aboutit à une impasse. Alors ? On préfère ne pas y penser. On verra bien.

Un vertige s'est emparé de l'âme moderne. Si nous voulons en guérir, il faut d'abord que nous nous débarrassions de l'idée nuisible de progrès.

❦

Nous avons montré dans quelle mesure et à quelles conditions l'idée de progrès avait un sens. Nous avons évoqué ensuite les textes où s'exprime cette idée transformée en idéologie dominante des temps modernes avant d'en analyser les contradictions et la part de malédiction qu'elle comporte. Il nous faut, pour conclure, en venir enfin, en quelques mots, à ce qui constitue sa nature, laquelle ne peut s'apprécier qu'au regard de la métaphysique.

Cette idée, dont l'âme moderne s'est éprise comme d'une certitude absolument évidente, est en réalité le travestissement « humaniste » de l'eschatologie chrétienne, laquelle ouvre l'histoire du monde sur l'attente du Royaume. L'annonce et la promesse, proclamées par le Christ, exhausse définitivement la vie des hommes au-dessus de tout espoir temporel, la redresse et la verticalise, et la sauve de son émiettement dans l'indéfinité du devenir. Car la règle du temps, c'est que l'instant suivant ne peut advenir que par l'effacement de l'instant qui précède : la présence temporelle ne vit que de la mort du temps qui s'absente. Mais c'est aussi par là que chaque instant fait retour à l'éternité. En vérité, ce n'est pas le temps qui dévore le temps, mais l'éternité, le non-temps de l'éternité qui est donc présent à tout instant du temps et de l'histoire. C'est pourquoi les temps sont *accomplis*, accomplissement qui n'est pas le terme temporel du devenir, mais la présence permanente de l'éternité en son cœur. À défaut de quoi, le travestissement de l'espérance dans l'idée de progrès horizontalise le devenir de l'histoire humaine et l'aliène définitivement dans le toujours futur.

CHAPITRE XVIII

DE HEGEL À CROCE : L'HISTORICISME ABSOLU

« La connaissance historique, j'entends l'histoire elle-même, ne s'oppose plus à la philosophie ; elle n'en est plus distincte, elle n'est plus placée au rang inférieur d'une servante, selon l'opinion qu'on avait d'elle, puisqu'elle est la philosophie elle-même saisie en son caractère concret. Si on interprète mieux, si on élabore plus à fond la doctrine kantienne du jugement, cette connaissance apparaît comme l'unique jugement porteur de vérité. Et elle inclut en elle la philosophie, car la philosophie ne peut vivre ailleurs que dans l'histoire, elle ne se manifeste que comme histoire. Aussi, devant donner un nom à la demeure que j'avais construite, j'ai préféré à celui d'idéalisme qui est devenu vague et équivoque, celui, différent, d'« historicisme absolu ».

BENEDETTO CROCE.

Les problèmes posés par l'apparition de la philosophie hégélienne ont profondément modifié le climat intellectuel de notre époque. Pas seulement d'ailleurs le climat intellectuel, puisque le marxisme, en imposant sa propre « solution » a transformé l'ordre politique du monde. Sur un plan plus spéculatif, B. Croce, radicalisant les thèses hégéliennes, et les poussant à leurs extrêmes conséquences, identifie philosophie et histoire dans un historicisme absolu. Il n'y a aucun doute que pour un philosophe médiéval, par exemple, une pareille thèse eût été dénuée d'intelligibilité. Pourtant, si nous voulons déceler les dangers qu'elle renferme, il n'est pas inutile d'en tenter une analyse.

1. L'héritage de Hegel

Lorsque B. Croce déclare que « La connaissance historique, j'entends l'histoire elle-même, ne s'oppose plus à la philosophie… », cela sous-entend qu'elle s'y est opposée, mais qu'une nouvelle conception a transformé les données du problème. Il s'agit évidemment de la conception hégélienne. On sait que pour Hegel, l'histoire n'est rien d'autre que la prise de conscience de l'Esprit universel par lui-même. Il y a d'abord, à l'origine du devenir, la réalité massive et opaque de la substance. L'Esprit est enfoui, aveugle et inconscient, dans cette substance. Puis il se découvre lui-même comme « différent ». Cependant, ce qui est réel, pour l'esprit, c'est la substance – le monde. Dès lors, en se découvrant différent, l'Esprit se découvre aussi irréel, et souffre de cette irréalité. Lorsque, pour échapper à cette souffrance, il affirme sa propre réalité, il ne peut le faire qu'en opposant sa réalité de sujet à la réalité de l'objet-monde, opposition qui pourrait s'exprimer comme celle de la philosophie et de l'histoire. Pour surmonter le dualisme du sujet et de l'objet, il reste donc à l'Esprit à prendre conscience que le monde n'est en réalité rien d'autre que de l'Esprit, une modalité de lui-même. Cette prise de conscience s'effectue dans la philosophie de Hegel. Dans une telle perspective, toute l'histoire du monde, dans ses moindres détails, n'est que l'histoire de l'Esprit qui réalise progressivement sa propre identité à travers les négations de cette identité. Dès lors, comprendre l'histoire, c'est déchiffrer, sur les figures qu'elle nous présente, le sens du moment particulier que ces figures expriment dans la Dialectique universelle du devenir de l'Esprit.

2. L'histoire, c'est la philosophie réalisée

« L'histoire, dit B. Croce dans notre texte, est la philosophie elle-même saisie en son caractère concret ». On comprend maintenant pourquoi il en est ainsi, après le bref rappel de l'hégélianisme que nous venons de donner. La philosophie en effet se meut nécessairement sur le plan des spéculations abstraites. L'histoire au contraire, est une somme d'événements réels. Si l'on admet la thèse du philosophe d'Iéna, on peut donc dire que la loi dialectique que le philosophe dégage se réalise concrètement dans les faits historiques. Pourtant, avec la formulation de B. Croce, nous quittons déjà le terrain propre de l'hégélianisme. Pour Hegel en effet, il y a une sorte de primauté de la philosophie sur l'histoire, parce que l'histoire est une philosophie « figurée », et que l'Esprit n'y accède pas à la véritable conscience de soi, mais seulement à une conscience « par figure ». Ce n'est que dans l'acte philosophique, et singulièrement dans cet acte historique qu'est la philosophie de Hegel, que l'Esprit prend vraiment conscience de soi. Chez Hegel, l'histoire, le devenir humain, se transforme en philosophie, et c'est en devenant philosophie que l'histoire réalise son véritable sens. Mais on comprend très bien que le mouvement inverse soit possible, et qu'au rebours de Hegel, ce soit l'histoire qui absorbe la philosophie. Il suffit en effet d'un « fléchissement spéculatif » pour que la philosophie apparaisse comme une construction dénuée de réalité, et qui a besoin du concret de l'existence si elle ne veut pas demeurer « abstraction vide ». « La philosophie ne peut vivre ailleurs que dans l'histoire », dit Croce : vivre c'est-à-dire non seulement être florissante, mais tout simplement exister.

3. Le jugement de l'histoire

Nous avons, jusqu'ici, laissé de côté une remarque de Croce. « Si on élabore plus à fond la doctrine kantienne du jugement, cette connaissance apparaît comme l'unique jugement porteur de vérité ». Cette référence à Kant ne doit pas nous surprendre, même si elle nous ramène à un moment antérieur – et considéré comme dépassé – de ce que Hegel appelait la « culture de la raison ». C'est qu'en effet, l'historicisme absolu de Croce – expression qu'il préfère à celle d'idéalisme absolu, par quoi il prend ses distances à l'égard de Hegel – l'historicisme absolu, disons-nous, espère répondre enfin au problème que se posait Kant.

On sait que dans la *Critique de la faculté de juger – Urteilskraft*, traduit parfois par Jugement avec une majuscule –, Kant se pose au fond le problème des rapports de l'intelligible et du sensible. Juger, en effet – dire, par exemple, Pierre est un homme –, c'est mettre en rapport l'individu concret Pierre et le concept d'homme qui, en tant que tel, appartient à l'universel. Comment une telle opération est-elle possible ? Comment pouvons-nous ranger sous un universel – subsumer – un être particulier ? C'est là poser, d'une manière générale, le problème du rapport entre la raison et le monde dans sa réalité concrète. Non point le problème des rapports entre la raison et le monde en général, quel que soit ce monde – ce qui est le problème de la *Critique de la raison pure* –, mais entre la raison et ce monde-ci tel qu'il m'apparaît et tel qu'il se donne.

Or, si l'histoire, somme de faits particuliers, est la réalisation de l'Idée, c'est-à-dire de la raison universelle, la possibilité du jugement se trouve démontrée par là même. La connaissance historique énonçant dans ses propositions l'Idée telle qu'elle s'est effectivement réalisée ne peut se tromper. Le particulier vient en quelque sorte se subsumer de lui-même sous l'universel. C'est pourquoi cette connaissance « apparaît comme l'unique jugement porteur de vérité ». On pourrait objecter qu'alors ces jugements ne sont plus des jugements de valeur, mais seulement de réalité. Ce serait oublier le postulat hégélien qui fait des événements historiques[52] des figures de l'Esprit, si bien que c'est la vérité de l'Idée qui s'accomplit dans l'histoire. Pourtant on peut se demander si une telle position est bien soutenable, et si elle ne repose pas sur une perversion.

4. *Le fléchissement spéculatif*

Si l'on considère le style propre de la philosophie de Hegel on ne peut se défendre d'une certaine admiration. Quelle puissance conceptuelle, et quelle ardeur spéculative ! Mais est-il possible de soutenir indéfiniment cette ardeur ? Tout cela est très beau, mais est-ce vrai ? N'a-t-on pas plutôt affaire à une sorte de roman philosophique auquel il est bien difficile de croire sérieusement ? Cette immense construction qui paraît insensible au vertige mental, y a-t-il quelqu'un qui l'habite ? Il est permis d'en douter. L'hégélianisme,

---

[52] Selon la formule célèbre : *Weltgeschichte ist Weltgericht*, « l'histoire du monde est le jugement du monde ».

c'est une orgie de philosophie ; mais chacun sait combien l'eau pure paraît bonne les lendemains de fête. L'excès d'idéalisme entraîne par réaction concordante un excès de matérialisme, comme le montre bien l'exemple du marxisme. Il y a quelque chose de semblable chez Croce. Ne voulant pas renier les postulats essentiels de l'idéalisme absolu, il est amené, cependant, à leur donner un tout autre sens. Parlons net, on ne peut pas indéfiniment délirer. Il faut bien, en fin de compte, revenir sur terre. Cette terre, dans l'optique même de Hegel, ne peut être que l'histoire. C'est l'histoire qui devient la vérité de la philosophie. Mais, dans ces conditions existe-t-il encore une philosophie ?

5. *L'ordre philosophique*

Il vaudrait mieux, pensons-nous, nier purement et simplement l'ordre philosophique, plutôt que de prétendre le sauver en l'identifiant à l'ordre des faits historiques. Cette négation en effet prouverait que l'on a conscience des implications de cet ordre, mais qu'on ne pense pas pouvoir les accepter. Au contraire, l'historicisme absolu de Croce conduit tout simplement à la destruction de l'ordre philosophique parce qu'il en ignore les exigences fondamentales. Dans cette perspective, que l'histoire soit la réalisation de l'Idée devient une hypothèse purement verbale, puisque, par définition, aucune spéculation ne peut fonder, *a priori*, cette hypothèse. Un tel fondement n'est l'œuvre que d'une raison qui spécule an-historiquement sur la nature de toute histoire possible. Une telle spéculation étant récusée, on ne voit pas comment il sera possible de formuler l'hypothèse de départ. L'objection que nous faisions plus haut, savoir, qu'on était conduit à confondre jugement de valeur et jugement de réalité, est tout à fait recevable. Elle ne le serait pas, si l'historicisme absolu avait encore le droit d'être hégélien, mais, précisément, il s'est privé lui-même de ce droit. Est vrai ce qui est arrivé. La philosophie se réduit alors à un enregistrement passif de l'événementiel. Il n'y a plus du tout d'universel, il n'y a qu'un éparpillement de singularités, et la notion même de vérité devient tout à fait incompréhensible – aussi bien d'ailleurs que celle de jugement.

On voit par là que l'ordre philosophique exige d'une manière tout à fait nécessaire la possibilité d'un acte spéculatif capable d'atteindre par lui-même à la vérité. Toute philosophie niant cette possibilité se nie elle-même.

6. *La raison et le monde*

Sous le vêtement d'un vocabulaire hégéliano-kantien, il est clair que ce qui est en question c'est le rapport de la raison humaine au monde. Le philosophe moderne sent bien que le rationalisme classique n'est pas satisfaisant. La manière dont il résout le problème de la connaissance, soit, comme Kant, en juxtaposant l'ordre – ou la structure – de la raison et l'ordre du monde-en-soi que je ne connaîtrai jamais, soit, comme Hegel, en réduisant le monde à la raison, n'est pas réellement « vivable ». L'ordre de la connaissance – ou de la raison, ou ordre philosophique – et l'ordre du monde – ou ordre de l'être – ne peuvent ni se réduire, ni s'oublier. Alors la raison humaine découvrit l'histoire comme le lieu privilégié de leur rencontre. Mais était-ce bien l'ordre historique qu'il fallait dire, ou l'ordre de l'agir ?

7. *L'histoire ou l'ordre de l'agir humain*

Croce, dans le texte que nous analysons et discutons, ne semble pas distinguer clairement entre la science historique et le devenir historique. Il est vrai qu'en français, un seul mot sert pour les deux notions. On peut ne pas lui en tenir rigueur, dans la mesure où le devenir historique se révèle dans la science historique. Au demeurant, c'est une question que nous ne pouvons pas examiner ici pour elle-même. Mais, quant au devenir historique, tout le monde accordera que les hommes en sont les acteurs – sinon les créateurs ou les maîtres. L'histoire est le déroulement de la geste humaine. *Res gestae* en latin signifie les choses faites, ce que les hommes ont accompli. L'histoire appartient donc à l'ordre de l'agir. Or, l'agir humain, au moins dans son résultat qui est une œuvre, peut être considéré comme réalisant, d'une certaine manière, la synthèse du connaître et de l'être, puisqu'un acte est le rapport qui unit une idée à sa réalisation effective. Ce qui est d'abord pensée devient existence au moyen de l'acte.

La philosophie antique et médiévale accepterait volontiers cette proposition, sauf qu'elle verrait dans l'acte non point le créateur de la synthèse, mais seulement l'instrument de sa réalisation dans le devenir. Pour elle, c'est parce que cette synthèse préexiste en quelque sorte éternellement, parce qu'il y a accord premier du connaître et de l'être que l'acte est possible. Le critère de la vérité de l'acte réside dans la vérité du connaître, transcendante à l'acte, et qui est accord de l'intellect et de l'être. Au contraire, dans la philosophie moderne, un tel critère principiel n'existant plus, c'est l'acte lui-même qui devient critère de la vérité de l'ordre théorique, parce qu'il n'y a pas d'autre synthèse possible du connaître et de l'être, pour une telle philosophie, que cette de l'agir humain, et donc de l'histoire. La vérité d'une idée dépend donc nécessairement du hasard de sa réalisation historique, et plus encore, elle n'a aucun sens en dehors de l'histoire. Cette thèse n'est pas propre à Croce. On la rencontre également dans le marxisme, et même dans la néo-théologie actuelle qui est d'ailleurs d'inspiration essentiellement marxiste. C'est ainsi que certains théologiens ont très explicitement proposé aujourd'hui de remplacer la notion *d'orthodoxie* par celle *d'orthopraxie*, ce qui revient très précisément à remplacer la Révélation par l'histoire.

8. *Orthopraxie ou idonéisme ?*

Il y a, dans cette attitude, une imposture qu'il importe de dénoncer. L'historicisme absolu de Croce, ou le « praxisme » des marxismes athée ou chrétien, ne se distinguent en rien d'un véritable « idonéisme ». Par ce terme, F. Gonseth, son créateur, entendait désigner une philosophie qui, renonçant à toute exigence propre, se contenterait d'enregistrer, d'une manière « idoine », les résultats de la science. Ici, la philosophie deviendrait une sorte de « doublure vocale » de la réalité historique. Il n'y a ni bien ni mal, ni beau ni laid, ni vrai ni faux, mais ces différentes valeurs ne font que refléter un état historique donné. Inutile de dire que cette thèse est d'une brutale absurdité, et qu'elle ne correspond à aucune possibilité intellectuelle, même chez ceux qui la soutiennent. Mais cela n'est pas pour les arrêter, d'autant plus qu'elle s'abrite peu ou prou derrière la caution hégélienne. L'idée de progrès ou de sens de l'histoire ayant remplacé Dieu par définition, on estime avoir le droit de parler non simplement d'une praxie, mais d'une *ortho*-praxie, d'une praxis droite, ce qui implique la possibilité d'une praxis déviée. Dès lors, on estime, par cette référence à une norme, échapper au reproche d'idonéisme. Mais il ne suffit pas d'envelopper un caillou dans du papier doré pour en faire du chocolat. C'est pourtant en cela que réside l'imposture. Le droit et le dévié ne jouent ici qu'un rôle purement décoratif puisqu'il n'y a rien de transcendant. Est droit ce que les puissants du jour décrètent tel, au gré de leurs intérêts. Il s'agit tout au plus d'une précaution philosophique qui permet d'apaiser les scrupules, ou de satisfaire les besoins des natures particulières spéculatives.

9. *L'histoire fabriquée*

Il peut arriver cependant que cette précaution ne soit pas suffisante. Le philosophe praxiste, si prudent soit-il, court un risque, celui de l'écriture. À moins qu'il ne se taise, ou qu'il ne parle d'une manière si vague que ses propositions, à l'instar de la poésie de Valéry, n'aient que le sens qu'on leur donne, il est bien obligé d'introduire dans ses écrits une part d'universel. Si contestable soit-elle, une doctrine vise toujours ce qui est, ou ce qui doit être, non pas nécessairement ce qui advient. Or le philosophe de l'orthopraxie, condamné à définir le sens de l'histoire, peut se tromper si lourdement que même les esprits les plus assoupis s'en aperçoivent. Il ne reste en ce cas qu'une solution, c'est de fabriquer l'histoire afin qu'elle ressemble à la théorie qu'on en a élaborée. On peut alors appliquer au donné historique les principes d'analyse élaborés théoriquement et les vérifier sans risque d'erreur. Certains partis politiques sont ainsi passés maîtres dans l'art de rendre une situation conforme à leurs prévisions. Ajoutons que si les faits sont têtus, comme disait Maurras, les hommes le sont moins. C'est pourquoi l'opération de fabrication de l'histoire n'est pas impossible. On peut agir sur l'idée que les acteurs de l'histoire se font de leur action. On le peut au moins pendant un temps, le temps nécessaire à la prise du pouvoir. À ce moment-là, de gré ou de force, l'État tyrannique prononce les seuls jugements porteurs de « vérité ».

« La Vérité vous délivrera », disait S. Jean. La négation de la Vérité, transcendante et immuable, c'est-à-dire la négation d'un ordre spéculatif capable par lui-même d'atteindre au vrai, conduit, on le voit, à la plus effroyable des servitudes.

CHAPITRE XIX

À PROPOS DE LA « DROITE NÉO-PAÏENNE », OU LE « GRAND PAN EST MORT »
(En grec pan *signifie « tout » ou désigne le dieu de ce nom)*

Avec quelque retard[53], le grand public a découvert, depuis plusieurs mois, l'existence d'un courant de pensée assez insolite, auquel on a donné le nom de nouvelle droite. Après le nouveau roman, la nouvelle vague et les nouveaux philosophes, la nouvelle droite. Cet adjectif est bien commode. Il permet de parler pour ne rien dire : nouveau, cela n'engage à rien.

Le bruit qu'a suscité l'apparition de ce courant de pensée s'explique aisément. Il est dû à la triple conjonction d'un mouvement d'idées – celui dont Alain de Benoist est le vigoureux porte-parole – du talent d'un journaliste exceptionnel, Louis Pauwels, et de la *réaction* violente de la gauche française. Les idées qu'exposent les membres de ce parti intellectuel ne sont pas très neuves, ce qui d'ailleurs n'a, de soi, aucun intérêt, l'important, pour une idée, étant sa vérité ou sa fausseté, et point son âge. Mais ce qui est nouveau, c'est qu'un hebdomadaire de fort tirage ait accueilli ces idées et les ait répandues avec l'habileté et le succès dont son directeur avait déjà témoigné par le passé, dans d'autres entreprises de presse. Voilà en effet plus de trente ans qu'en France des publications de grande qualité comme *Rivarol, Écrits de Paris, Aspects de la France, Défense de l'Occident, la Revue universelle,* et quelques autres, s'efforcent de maintenir une certaine tradition intellectuelle « de droite », sans

---

[53] Ce texte a été rédigé en octobre 1979. Il ne rend pas forcément compte des évolutions ultérieures de la « Nouvelle Droite », mais n'en présente pas moins un très grand intérêt par les questions qu'il aborde et les enjeux qui en découlent. [NdE]

s'attirer, de la part de la presse de gauche, autre chose que le mépris le plus dédaigneux, celui qu'on accorde à l'adversaire irréductible, mais impuissant. Non point que ces publications manquent d'intelligence, de lucidité, de style. Bien au contraire. Mais elles manquent d'argent. Et sans argent, pas de puissance sociale. Tout change lorsque le journalisme de gauche découvre, avec effarement d'abord, avec rage ensuite, qu'une revue « de droite », au sens propre du terme, dispose de capitaux suffisants pour s'assurer une large diffusion, et que, somme toute, ses thèses se répandent et trouvent un écho. Voilà le crime inexpiable, *le crime de lèse-majesté*, celui qui suscite les mobilisations les plus générales et l'appel le plus véhément aux grandes formules conjuratrices : sus au fascisme, au nazisme, au racisme ! Le ventre immonde est toujours fécond, à nous les immortels principes de 1945 ! C'est Stalingrad ! *No pasaran* !

Cette irritation de la gauche pensante est bien compréhensible si l'on observe que son règne, depuis trente ans, est sans partage. Une dictature si constante, si répandue, devient une habitude, et l'habitude, comme on le sait, est une seconde nature. Dans une sorte de consensus presque tacite, chacun finit par reprendre pour son compte, comme allant de soi, les thèmes les plus communs que notre société met en circulation, si bien que les adversaires politiques en arrivent à tenir un langage identique. On le voit bien sur une question comme celle de l'avortement : M. Poniatowski ne s'exprime pas autrement que M. Mitterrand ; ils sont du même monde. On le voit aussi dans le refus des grands partis à se dire « de droite ». Ce refus n'est pas seulement tactique, il correspond à la réalité : tous les partis français sont de gauche.

C'est précisément ce consensus que la nouvelle droite a prétendu rompre, d'abord en se situant expressément « à droite », ensuite en soutenant des thèses qui, sur bien des points, prennent l'exact contre-pied des thèses de la gauche intellectuelle, particulièrement en ce qui concerne la valeur de l'individu et l'importance respective des données naturelles et des constructions sociales dans sa formation, enfin en revendiquant un néopaganisme antichrétien, sans doute parce que l'idéologie de gauche apparaît à ces penseurs comme une sorte de « fille aînée de l'Évangile ».

Ce sont ces trois points que nous allons examiner brièvement. Remarquons cependant, avant d'aller plus loin, que les idées de gauche avaient depuis longtemps atteint un degré de fausseté si criant, qu'elles ne pouvaient pas ne pas susciter, quelque jour, une réplique. Car telle est notre thèse : la nouvelle droite n'est rien d'autre que la vieille gauche à l'envers, l'une s'explique par l'autre et naît de l'autre comme sa réciproque, sans qu'aucune des deux puisse prétendre à être autre chose qu'une illustration de la décomposition intellectuelle et morale de notre « civilisation ». La meilleure preuve en est, ici également, la position de ces penseurs sur l'avortement. Ils se retrouvent curieusement aux côtés des capitalistes libéraux et des progressistes pour faire couler le sang des petits Français, dès le sein maternel.

❧

Quant au terme de droite, on sait quelle en est l'origine, et qu'il désigne premièrement les députés qui, en 1789, partisans d'un pouvoir monarchique fort, se rangèrent à la droite du bureau du Président de l'Assemblée. Tant s'en faut qu'aujourd'hui le terme désigne des monarchistes convaincus. Les historiens aiment à distinguer plusieurs droites – libérale, nationaliste, royaliste, etc. ; et pourtant c'est bien à la Révolution française qu'il faut remonter, si l'on veut comprendre la nature véritable de ce phénomène politique, car cette Révolution constitue l'événement majeur de notre Histoire. Non point, évidemment, que la France aurait, grâce à elle, accédé enfin à sa vérité. Mais parce que les conséquences qu'elle a entraînées dans l'esprit public ne cessent, aujourd'hui encore, de nous déterminer.

Ces conséquences peuvent se résumer ainsi : les attaques, d'une extraordinaire violence, que la Révolution a portées contre l'Ancien Régime, ont faussé radicalement, d'une manière irrémédiable, semble-t-il, la nature de l'Ordre français dans sa triple dimension politique, sociale et religieuse. Certes, on connaît, du moins on devrait connaître, les crimes innombrables dont les révolutionnaires se sont rendus coupables : le bonheur du genre humain exige des fleuves de sang – ne fallait-il pas, par exemple, fusiller ce maire d'Annecy qui refusait de livrer à la profanation les ossements de S. François de Sales ? Mais on oublie d'autres crimes, non moins graves et de plus longue durée, qui ont empoisonné l'âme de notre pays. Songeons qu'en l'espace de quelques mois – fait unique dans les annales de l'Occident – entre 1792 et 1793, toutes les églises furent fermées, des milliers de prêtres condamnés à la déportation, le catholicisme effacé de la vie des Français. Même la dictature stalinienne, en trente ans de terreur, n'a pas atteint ce résultat ! C'est cette disparition du catholicisme qui a frappé de stupeur l'imagination des jeunes romantiques, dans leur enfance ou leur jeunesse, les Vigny, les Musset, les Balzac, et qui leur a paru peut-être comme le trait majeur de la société moderne : une société sans Dieu ni religion.

Sur le plan social, les bouleversements n'étaient pas moindres. Aux yeux des esprits les plus lucides, ce n'était pas seulement telle ou telle classe qui avait changé de place, c'était, en réalité, la société, fruit naturel de la tradition, qui avait disparu et qu'il fallait, non pas *re*-construire, car elle n'avait jamais été *construite*, mais bâtir pour la première fois : c'est alors que naquit la sociologie avec Auguste Comte : ne devait-on pas d'abord faire la théorie de l'objet que l'on voulait ensuite réaliser ? Entreprise vraiment nouvelle : non point dessiner le tableau d'une cité idéale, à la manière – peut-être – de Platon, mais constituer la *science* de la société en tant que telle.

Dans l'ordre politique, enfin, la situation était identique, et c'est précisément à cette vérité que nous voulons en venir. La contradiction de la droite en résulte directement. Être de gauche, ou de droite, c'est par définition, semble-t-il, adhérer à une théorie politique, c'est-à-dire à un ensemble de propositions concernant la nature, la fonction et l'organisation du pouvoir de l'État. Le projet politique d'un parti de droite peut différer de celui d'un parti de gauche, mais c'est toujours un projet politique. Or, être de droite, à l'origine, c'est tout simplement être en faveur de l'Ancien Régime, lequel n'est ni un projet, ni une théorie, mais une réalité. Il n'y a pas *d'opinions politiques* sous la Royauté, non pas qu'elles soient interdites, mais parce qu'elles n'ont pas lieu d'être. Considérons ce fait étonnant : durant mille ans, il n'y a eu ni droite ni gauche en France ; et personne ne s'en portait plus mal. Des factions rivales, oui ; des manières diverses de gouverner, assurément ; mais de projets politiques globaux et radicalement divergents, point. L'idée même d'une telle opinion politique eût paru saugrenue. Ainsi donc, en vertu de la situation actuelle, la droite est tenue de se définir comme projet théorique, mais en vertu de son origine, elle est la négation même d'une telle idée. Toute théorie politique, comme construction de l'État à partir de Zéro – le fameux « état de nature » de Rousseau – est nécessairement « de gauche ». Un parti politique de « droite » est une sorte de contradiction dans les termes. C'est pourquoi c'est la gauche qui est maîtresse de la dialectique du jeu politique : c'est par rapport à elle que se définit la droite, et c'est aussi elle qui s'arroge le droit de la définir. Créatrice de « l'espace politique », comme Adam au Paradis terrestre, elle nomme « droite », tout ce à quoi il lui paraît bon de s'opposer, selon le moment. Assurément, par son origine, la gauche est condamnée au théorique, mais, d'une certaine manière, elle y condamne aussi la droite en l'obligeant à se « poser » politiquement. Durant ce temps règne l'une des pires dictatures qui soient, celle des déterminismes techno-économiques au service des appétits humains les plus implacables.

Il est clair que la nouvelle droite, à cet égard, ne saurait échapper à la contradiction que nous avons analysée. Résolument opposée à l'idéologie de gauche, du moins à s'en tenir aux apparences, elle se situe par là sur le même terrain qu'elle, le terrain sur lequel la gauche a d'abord choisi de se placer. Elle demeure prisonnière de l'erreur originelle des fascismes européens qui prétendirent combattre le socialisme démocratique à l'aide du socialisme nationaliste.

Quand donc comprendra-t-on qu'il n'y a pas de solution politique au problème politique ? La monarchie n'est pas une solution politique, c'est une institution divine. C'est déjà ce qu'enseignait Platon dans sa *Politeia* : la justice ne peut régner dans la cité que si elle règne d'abord dans son Prince, et le Prince ne sera juste que si, dans sa propre âme, son intelligence est soumise à la contemplation du Bien suprême, sa volonté à son intelligence et ses désirs à sa volonté. L'ordre sera réalisé quand le Prince se soumettra au Principe, et tout le reste n'est que vain bavardage.

⁂

Il est certain, cependant, que la nouvelle droite a beaucoup plus frappé les esprits et l'opinion par sa lutte contre l'égalitarisme de la gauche que par ses thèmes politiques. C'est surtout de ce point de vue qu'elle est connue et qu'elle a fait le plus de bruit. Nous devons donc en parler.

À vrai dire, l'idéologie égalitariste n'est qu'une conséquence du constructivisme politique de la gauche. Pour le bien saisir, une brève analyse philosophique et nécessaire.

Il faut partir de Rousseau, dont le *système* constitue le péché originel de la pensée politique : de même que, chez Descartes, la philosophie doit commencer par un *cogito* individuel qui fait table rase de toute la tradition spéculative, de même, chez Rousseau, la pensée politique doit commencer par une *construction* de la société qui refuse toute société *donnée* – par la nature. C'est le rôle de la fiction de *l'état de nature* – lequel, pour Rousseau, « n'a sans doute jamais existé » –, mais qui est une hypothèse historique nécessaire : l'état de nature c'est l'état de *non-société*, degré zéro qui signifie que la société n'est pas un produit de la nature – c'est la thèse d'Aristote, l'homme est un être social par nature –, mais une pure construction de la volonté rationnelle. C'est un *contrat* qui fonde la société. On peut construire une société meilleure, parce que la société, par elle-même, est une construction.

Or, il ne peut y avoir de contrat que si les parties contractantes sont rigoureusement égales, relativement au contrat, et quelles que soient par ailleurs leurs différences. Cela implique que les membres du contrat social – c'est-à-dire du contrat par lequel est fondée la société –, à l'instant où ils le contractent, se dépouillent de leurs pouvoirs individuels dans une « aliénation totale », de telle sorte qu'aucun n'ait la possibilité d'exercer une puissance sur un autre : ils cessent d'être des hommes pour devenir de purs citoyens.

Le citoyen est donc lui-même une construction ; il n'existe que dans et par la société. Il est ce que la société fait de lui. Si c'est la société qui a corrompu l'homme, c'est elle aussi qui peut donc l'améliorer. Contrairement à ce qu'affirment quelques lectures hâtives, il n'y a pas chez Rousseau, penseur, de refus de la société. Mais il y a un constructivisme social qui se prolonge en constructivisme anthropologique. Or, pour que l'homme puisse être construit, il faut bien que, par lui-même, il ne soit rien. C'est là la raison profonde, souvent inaperçue, de l'idéologie égalitaire. Elle obéit apparemment à un souci de justice, mais elle est déterminée en fait par son désir de construire l'homme, c'est-à-dire, au fond, par une idéologie prométhéenne, par la volonté de puissance. De l'égalité surtout politique de *citoyen* on passe ainsi, chez les successeurs de Rousseau, à l'égalité naturelle de *l'homme*, ce qui n'est possible que si l'on a réduit l'homme au citoyen, réduction qui définit le totalitarisme comme tel.

Pour faire la démonstration de cette égalité naturelle, il faut donc montrer, scientifiquement, que toutes les inégalités apparemment dues à la nature, sont en réalité des produits de la société. On fait alors appel aux ressources de toutes les sciences humaines : sociologie, histoire, psychologie ; on en arrive aux conséquences les plus absurdes, aux paradoxes les plus insoutenables, mais rien ne peut arrêter l'aveuglement idéologique. L'éducation des enfants est évidemment le lieu privilégié où les théories les plus folles peuvent se donner carrière. C'est ainsi qu'on décida, à l'encontre de tout bon sens, que tous les enfants étaient également doués en mathématiques, qu'ils avaient tous une égale mémoire ou une égale capacité d'attention. Lorsque la réalité démentait trop directement ces affirmations, alors c'est l'excellence en mathématiques ou en français qui était réputée sans intérêt, ou même dangereusement « réactionnaire ». Savoir user de sa langue avec correction, en prenant modèle sur les grands écrivains, ne dénotait rien d'autre qu'une aptitude stérilisante à la répétition et à la « reproduction » des modèles sociaux de la classe oppressive. Mais tous les domaines de l'activité humaine furent touchés par cette maladie idéologique de l'égalitarisme. N'a-t-on pas été jusqu'à soutenir que l'infériorité musculaire de la femme relativement à l'homme était entièrement due au conditionnement social !

La critique de ce ridicule égalitarisme ne pouvait venir des sciences humaines. C'est pourquoi elle est partie des sciences de la nature que les culturologues et sociologues avaient complètement « oubliées ». S'emparant des résultats de la biologie génétique, des savants, comme Edward Wilson, inventeur de la sociobiologie, et des intellectuels, comme les penseurs de la nouvelle droite, prétendent montrer l'inégalité fondamentale des êtres humains.

Pour qu'elle soit fondamentale, il faut qu'elle s'enracine dans un fondement qui échappe entièrement aux déterminismes sociaux. Il faut trouver, dans l'homme, de *l'extra-social*, à partir duquel on puisse expliquer les inégalités sociales, c'est-à-dire les supériorités et les infériorités dont témoignent les individus dans la société. Les découvertes de la biogénétique, depuis une cinquantaine d'années, semblent apporter la réponse demandée : tout est inscrit dans le fameux code génétique que constitue la structure hélicoïdale des macromolécules d'A. D. N. L'expérience type serait fournie par l'étude de jumeaux homozygotes, soumis dès leur naissance à des conditions sociales différentes, et réussissant, vingt ans plus tard, des performances identiques.

Cette thèse, d'une certaine manière, est presque aussi naïve et idéologique que l'absurde thèse égalitariste. Contrairement, en effet, à ce qu'affirme la néo-droite, la thèse du déterminisme par le code génétique n'est pas scientifique : elle relève d'une philosophie, en l'occurrence le *matérialisme*, et un matérialisme particulièrement sommaire dont Monod a donné le lamentable exemple dans son trop fameux livre : *Le Hasard et la Nécessité*. Tout d'abord, l'expression même de « code génétique » est une métaphore peut-être inexacte ; ensuite le processus par lequel agit l'A. D. N. est mal connu ; enfin, et surtout, tant qu'on n'aura pas expliqué quel *rapport intelligible* il y a entre telle structure d'A. D. N. et tel ace intellectuel ou même telle forme de main ou telle couleur d'œil, on restera dans le domaine des rêveries idéologiques. Or, cette explication ne sera jamais donnée, car elle n'a aucun sens. L'homme est un être vivant, c'est-à-dire un corps informé d'une âme, et c'est la *psyché* informante qui est principe explicatif de la structure du corps, et non l'inverse. Telle est la vérité.

Ainsi, le détour par le biologique ne prouve rien. S'ensuit-il que les égalitaristes aient raison ? Évidemment, non. On devrait, en premier lieu, observer qu'il n'y a pas d'égalité ou d'inégalité en soi, mais seulement par rapport à une norme à atteindre ou à réaliser. Le concept d'égalité – ou d'inégalité – n'a aucun sens, pris absolument, sinon du pur point de vue quantitatif : un nombre est absolument égal ou inégal à un autre. Dire que les hommes sont égaux ou inégaux, absolument, c'est donc les réduire d'abord à de pures quantités. Si donc on ne parle que d'égalités relatives, par exemple à une tâche à accomplir, alors la conclusion s'impose : les hommes sont inégaux, c'est un fait, parce qu'ils réussissent plus ou moins bien l'épreuve qui leur est imposée.

Mais une deuxième considération doit intervenir : quelle valeur de critère peut-on accorder aux tests que l'on utilise ? N'est-ce pas elle en effet qui détermine la signification qu'il faut attribuer aux inégalités relatives ? Question double, d'ailleurs, car là aussi il faut distinguer une valeur en soi et une valeur relative. Valeur en soi : prenons la notion de Q. I. – quotient intellectuel – qui résulte du rapport entre l'âge mental et l'âge réel – un enfant de 10 ans qui a un âge mental de 12 ans a un Q. I. supérieur à 1. Mais la notion d'âge mental a-t-elle un sens ?[54] Et les appareils qui permettent de le mesurer – les tests – sont-ils fiables ? Ils fournissent tout au plus une « indication ». Valeur relative, maintenant : ne faudrait-il pas introduire une hiérarchie entre les tâches elles-mêmes ? Mais si oui,

---

[54] Nous voulons dire dans la pratique ; mais le divorce théorie-pratique est caractéristique de la pensée de gauche.

au nom de quoi l'introduire ? Est-ce une véritable infériorité, par exemple, que de ne pas réussir un test de pêche à la ligne ? Nul n'en conviendra. Mais chacun considérera comme inférieur l'enfant qui échoue à un test de vocabulaire. Et pourtant, il est des cas où notre vie peut dépendre de notre habileté à prendre le poisson ; tandis que bien souvent, un beau langage masque le vide de la pensée. Et nous étonnerons sans doute bien des intellectuels en leur disant qu'il y a des civilisations entières, dont nous partageons le point de vue, pour lesquelles l'ignorance de Dieu est le comble de l'imbécillité.

Il est clair qu'en tout cela ce que l'on prend pour supériorité n'est que l'aptitude à réussir les tâches qu'impose un certain type de civilisation, c'est-à-dire l'aptitude à *s'adapter* aux impératifs de la société contemporaine. Faute de procéder à ces mises au point – et à bien d'autres que nous ne pouvons pas mentionner –, on verse de part et d'autre dans la discussion passionnelle, dans le combat idéologique, qui n'a rien à voir avec la vérité. Une fois cette mise au point opérée, alors il nous paraît nécessaire de reconnaître que la diversité des aptitudes est liée à la diversité des natures individuelles – nature psychocorporelle –, parce que c'est une évidence qui n'est *en fait* niée par personne, sauf par quelques psychopédagogues, lesquels, n'ayant aucun savoir à transmettre, n'ont aucune expérience des contraintes que cela impose. Pour enseigner les mathématiques, il vaut mieux être mathématicien que psychologue.

D'autre part, il faut reconnaître également, car c'est un fait, que la diversité des cultures correspond nécessairement à la diversité des aptitudes collectives, et qu'en ce sens il y a bien des races, ou des ethnies, douées de qualités différentes, et par conséquent supérieures à d'autres sous un certain point de vue – mais inférieures sous un autre. L'Écriture et les Pères de l'Église – Origène par exemple – enseignent bien que chaque nation a son Ange. Pourquoi ne pas y voir le prototype de l'âme d'un peuple, la synthèse divinement voulue par le Créateur, de toutes ses qualités – mais aussi par là même de ses limites ?

Reste cependant une dernière question, qu'il nous faut maintenant envisager en troisième lieu : dans cette correspondance de la culture et des ethnies, où est le pôle déterminant ? Est-ce le milieu qui fait l'homme, ou bien l'homme qui façonne son milieu en fonction de sa nature ? Débat ancien, jalonné de multiples réponses. Contre la thèse biologiste, ou psycho-biologiste, il faut bien dire que, quelles que soient les qualités innées d'un être humain, elles ne sauraient se manifester si le milieu ne lui en offre l'occasion et la possibilité : Mozart ne peut manifester son génie dans une société qui ignorerait la culture musicale. Inversement le milieu est bien incapable, par lui-même, de créer à volonté le génie de Mozart ; et c'est là l'illusion de la thèse culturaliste et sociologiste. Le milieu révèle – ou ne révèle pas – les aptitudes et le génie, il ne les fabrique pas. Il est possible, par une analyse précise, de ramener tous les éléments du génie mozartien à leur conditionnement culturel et social, tous les éléments sauf un, et c'est le génie lui-même. On voit bien que ces phénomènes échappent à une mesure précise, et qu'aucun argument de détail ne tranchera le débat. Ce qui compte, c'est la résultante globale d'une multitude d'interactions entre le milieu et l'être individuel, ce qui signifie qu'au fond, nous n'avons pas à nous en préoccuper. Comme si pour marcher nous devions tenir compte de l'hypercomplexité des éléments que la marche met en jeu !

La seule manière de trancher le débat c'est de s'affronter à la question la plus radicale : sous sa forme la plus générale, le rapport dialectique de l'être et de son milieu ne se ramène-t-il pas au rapport de l'homme et du cosmos ? Qu'y a-t-il dans cette dialectique de plus important ? Quel terme prévaut sur l'autre ? Seule la religion permet d'y répondre, parce que seule elle réalise *l'expérience spéculative ultime*. Cette réponse la voici : l'homme prévaut sur le monde, non pas en tant qu'il le soumet, dans une relation horizontale, mais en tant qu'il le quitte pour se tourner vers Dieu, dans une relation verticale. Le monde est le destin de l'homme, parce qu'il fournit le cadre préexistant de son activité, et en ce sens, il domine sur l'homme. On ne commande à la nature qu'en lui obéissant. Mais l'homme prévaut sur le monde parce que sa nature est vouée à la surnature, c'est-à-dire à la liberté des enfants de Dieu. L'homme racheté, devenu fils de Dieu, échappe à tout conditionnement mondain, et contient alors le monde en lui-même. L'œuvre de Rédemption est plus grande que l'œuvre de Création.

Mais il est trop évident que ces perspectives sont étrangères à la nouvelle droite. Et plus encore, qu'elle les condamne au nom du paganisme : le christianisme, à ses yeux, est la maladie de la civilisation occidentale. Il est temps d'éliminer ce poison et de retourner à la vérité de nos racines indo-européennes. Il nous faut donc en venir à cette question.

❦

La revendication du paganisme comme antidote du poison chrétien ne date pas d'aujourd'hui. Le recours aux divinités grecques, à la lumière athénienne, à l'équilibre antique du corps et de l'esprit, apparaît en fait avec la Renaissance. On la retrouve au XIXe siècle chez des esprits aussi divers que le poète Leconte de l'Isle, dans les *Poèmes antiques et Barbares*, le philosophe historien Renan, dans *la Prière sur l'Acropole*, l'érudit Louis Ménard dans les *Rêveries d'un païen mystique* et *le Polythéisme hellénique*.

Le mouvement de retour à la clarté grecque[55] se double d'une recherche du soubassement indo-européen de la culture occidentale qui constituerait le fond de notre nature, fond recouvert par les alluvions étrangères d'un christianisme oriental et morbide. Bref, l'âme européenne a été corrompue et dénaturée par deux mille ans de foi chrétienne, sans que l'Évangile réussisse, pour autant, à effacer la vérité païenne de son être authentique. On voit bien que la démarche néo-droitière est ici exactement semblable à ce qu'elle était tout à l'heure sur le plan anthropologique : à l'élément fonda-

---

[55] N'oublions pas que ce retour à la clarté grecque refuse cependant Platon et Aristote sous prétexte qu'ils croient à la réalité objective des idées que nous pensons, tandis qu'Alain de Benoist fait profession de nominalisme : la seule réalité de nos concepts, c'est le nom que nous leur donnons. Rappelons que Platon et Aristote sont les fondements, toujours actuels, de la culture intellectuelle de l'Occident.

teur extra-chrétien qu'on pensait trouver dans le biologique, correspond l'élément fondateur extra-chrétien qu'on pense trouver dans le paganisme indo-européen.

Enfin ces penseurs découvrent dans la « philosophie » de Nietzsche non plus l'héritage du passé pré-chrétien, mais la pensée prophétique annonciatrice de l'avenir. Sans doute à ces éléments faudrait-il en ajouter d'autres, car les autorités dont se réclament Alain de Benoist et ses disciples sont nombreuses, et leur examen déborde le cadre du présent article. Au reste, c'est un des traits de cette pensée que les lectures y sont fort étendues. Ce n'est pas à dire qu'elles soient toujours très approfondies.

Thomas Molnar, dans une étude remarquée « G.R.E.C.E./ Nouvelle École »[56], a montré le caractère extraordinairement sommaire des thèses sur le christianisme. Mais on pourrait en dire autant de beaucoup d'autres thèses. Nous ne prendrons qu'un exemple. L'œuvre de Marx étant avec celle de Freud et la Bible l'une des trois bêtes noires de la néo-droite, on pourrait supposer qu'elle en a une connaissance exacte. Nous sommes loin de compte. Alain de Benoist déclare : « Les chrétiens affirment notre malédiction quand nous sommes sortis du jardin d'Éden ; pour eux, la malédiction c'est le travail, pour moi, ce n'est pas une malédiction, c'est un honneur. On retrouve la même idée dans le marxisme, puisque le travail y est une malédiction »[57]. Que d'énormités en quelques mots ! Comment cet encyclopédiste peut-il ignorer que le travail est si peu une malédiction, chez Marx, qu'il le considère au contraire comme *l'essence de l'homme* ? « [...] l'objet du travail est *l'objectivation de la vie générique de l'homme*, car il ne s'y dédouble pas idéalement dans sa conscience, mais réellement, comme créateur. Il se contemple ainsi lui-même dans un monde qu'il a lui-même créé » (*Manuscrits de 1844*, Werke I, p. 510). Sur cette thèse, d'origine hégélienne d'ailleurs, Marx n'a jamais varié. C'est pourquoi son maté-

---

[56] Cf. *La Pensée Catholique*, nov.-déc. 78.
[57] Cf. Harris et Sédouy, *Qui n'est pas de droite ?* Seuil, 1978, p. 378.

rialisme consiste essentiellement en ce que *tout* est *matière pour* l'activité de travail, ce qui le distingue du matérialisme philosophique à la Diderot. Et c'est pourquoi aussi le travail aliéné aliène l'homme. Si le travail ne constituait pas l'essence de l'homme, l'aliénation (aux yeux de Marx) de l'activité laborieuse ne pourrait aliéner l'homme lui-même, c'est-à-dire, selon les expressions mêmes de Marx, lui voler sa propre essence. On voit que le contresens est considérable, puisqu'il porte sur la totalité du marxisme qui est bien la philosophie la plus « démiurgique » qui ait jamais été conçue.

Quant au christianisme, le contresens n'est pas moindre. Ce n'est pas le travail comme tel qui est une malédiction dans le christianisme, c'est sa pénibilité. Le travail, par lui-même, est une bénédiction, puisque Dieu a placé Adam dans le jardin d'Éden « pour le cultiver » (Gen. II, 15). Par le péché, l'homme est atteint dans la manifestation essentielle de son être, son activité de travail. Mais dans tout cela, on ne voit point que le travail soit un déshonneur. Au contraire. D'abord par ce que dit le Christ : « Mon Père travaille toujours, et moi aussi je travaille » (Matth. V, 17) ; travail de Dieu dont la Genèse nous présente le tableau grandiose. Et si Dieu sanctifie le repos, le 7e jour, le sabbat lui-même sanctifie toute la semaine. Voilà donc le modèle de l'activité laborieuse du chrétien : c'est la Création du monde ! Peut-on en proposer de plus « honorable » ? Et qu'on relise les paraboles de l'Évangile sur les semeurs, les vignerons, les paysans, les pêcheurs, la multitude des activités humaines que le Christ met en scène et nous donne comme modèle : où donc est le déshonneur du travail, où donc le mépris des plus humbles tâches ? Et le Verbe incarné n'était-il pas lui-même charpentier ? Y a-t-il plus grand honneur, pour un métier, que d'avoir été exercé par les mains de l'Homme-Dieu ? Et S. Paul ne veut-il pas que « chacun travaille de ses propres mains, selon son état » (I Thess., IV, II) ?...

Mais le plus étonnant, en tout cela, c'est qu'Alain de Benoist, si épris du modèle grec, semble oublier que pour les Grecs, précisément, l'activité laborieuse est dégradante. Ce n'est pas le Christ, c'est Aristote qui déclare : « il ne faut pas que les citoyens mènent une existence ouvrière ni mercantile : une telle existence est sans noblesse et contraire à la vertu » (*Pol.* VII, 9, 1329 b).

Nous ne pouvons reprendre, on le conçoit, toutes les thèses du néopaganisme. Nous voudrions seulement rappeler quelques points.

Concernant d'abord le fond indo-européen de notre culture, force nous est d'observer que la notion même d'indo-européen est sujette à caution. D'origine linguistique, elle exprime une hypothèse scientifique qui, d'un point de vue très général, n'est guère contestable, mais sous laquelle il est impossible d'imaginer une *réalité historique* déterminée. Nous ne mettons pas en cause les travaux de G. Dumézil, de Mircea Eliade ou de Marija Gimbutas. Nous disons seulement qu'il est impossible, à partir de nos connaissances, de nous faire une idée précise et complète de ce que fut la culture de la civilisation indo-européenne ou aryenne dans son existence concrète. Elle a sans doute existé et fut peut-être « portée » par un peuple unique. Mais tout ce que nous en saurons jamais est de l'ordre de la reconstitution abstraite. Ce qui d'elle demeure en nous est inconscient. Et c'est cette *abstraction transposée en mythe religieux* que l'on nous propose pour fonder notre réalité culturelle la plus profonde et la plus vivante ! [58]

Il s'agit en fait d'un « paganisme déterré » et déformé par tout ce qu'y projette une intellectualité à bout de souffle, désireuse de ranimer sa vitalité défaillante au contact d'un cadavre prestigieux. Mais notre Maître nous a dit : « Laissez les morts enterrer leurs morts ».

L'opération fut déjà tentée à la Renaissance, laquelle, à bien des égards, ne fut qu'un enterrement. On exhuma, alors comme aujourd'hui, une antiquité fabriquée de toutes pièces par des érudits et des grammairiens qui transformaient la tradition en histoire et la vie en livres. On remplaça la grandeur par la grandiloquence, le sens

---

[58] Au demeurant la couche indo-européenne n'est pas la plus profonde de notre sous-sol culturel. Les Indo-Européens sont des envahisseurs qui ont procédé à des destructions effroyables, sans pour autant anéantir complètement la civilisation autochtone pré-aryenne de notre pays, ou de l'Inde. Cf. Mircea Eliade, *Histoire des croyances et des idées religieuses*, Payot, 1976, t. I, p. 199.

du sacré par un naturalisme borné et plat. À la puissance contemplative de l'art roman, à la joie irradiante et lumineuse du gothique, on substitua la froide ordonnance des palais néo-romains. Une mythologie décorative et pédante envahit la poésie et la peinture. Et l'humanisme triomphant put enfin régner sur un monde vidé de la présence divine, où l'homme partout ne découvrait plus que ses propres limites.

Serait-ce donc que nos modernes occidentaux ont été subjugués par les imprécations nietzschéennes ? Nous l'avouons, ce ne fut jamais notre cas. Qu'on nous permette une confidence. Notre première lecture de Zarathoustra nous laissait l'impression d'un pastiche : une langue boursouflée s'efforçait, pas toujours vainement, à prendre des allures prophétiques. Plus tard, nous avons mieux saisi tout ce qu'il y avait de souffrance et de révolte dans cette fausse grandeur. Mais comment ne pas voir, derrière l'exaltation forcenée de la *Vie*, de la *Santé*, de la *Force*, le cri désespéré d'un homme faible, déchiré et impuissant dans ses ténèbres intérieures, comme si toute la fureur du monde pouvait un seul instant troubler l'ordre des choses.

Quant à la fameuse proclamation de la « mort de Dieu », nous n'avons jamais très bien compris ce qu'elle signifiait. Dieu existe ou n'existe pas, éternellement, Il ne saurait mourir. Cela n'a pas de sens. Que si l'on nous objecte qu'il est mort dans la conscience des hommes, et que notre civilisation est devenue athée, nous en convenons, du moins en partie. Cela implique que l'expression nietzschéenne n'est rien d'autre qu'une image ; il ne faudrait donc pas la prendre pour une proposition philosophique. En réalité d'ailleurs, les nietzschéens, à la faveur de cette formule qu'on répète indéfiniment comme une incantation, veulent accréditer l'idée que Dieu n'a jamais été qu'une certaine croyance, si bien qu'effectivement, la croyance ayant disparu, Dieu est mort. Cette ruse ne peut tromper que les esprits faibles. Très prolixe et très lucide sur les conséquences de la disparition de l'idée de Dieu dans la conscience sociale, Nietzsche est totalement muet sur ses implications métaphysiques. Quelle que soit la richesse des oripeaux psychologiques ou moraux dont il enveloppe sa pensée, rien ne saurait masquer son indigence spéculative.

Si enfin on considère les effets produits – ou induits – par cette œuvre, on demeure confondu devant l'inconséquence de la nouvelle droite qui refuse le christianisme sous prétexte qu'il détournerait les hommes d'une joyeuse possession du monde, mais qui n'hésite pas à adhérer à une œuvre dont s'est inspiré le nazisme, c'est-à-dire l'une des plus épouvantables dictatures de l'histoire, une de ces tragédies dont l'horreur est à la honte de l'espèce humaine. Il faut bien l'avouer, le sauvetage de la pensée nietzschéenne après la dernière guerre, d'abord par la gauche, et maintenant par la droite, est des plus étranges : il montre que l'antichristianisme des uns et des autres l'emporte sur toute autre considération.

Qu'avons-nous donc à faire avec tout cela, nous, catholiques de tradition ? Quand la baudruche est dégonflée, il n'en reste pas grand-chose : un peu de vent et des lambeaux d'étoffe encore brillants. De toute cette vaste construction intellectuelle, extraordinairement fragile, nous retiendrons cette idée du caractère positif d'un certain paganisme, idée que d'ailleurs nous avons toujours défendue, car il y a comme un « troisième Testament » – expression que nous empruntons au P. Serge Bonnet –, celui de la Terre, et des fleuves et des bois, des saisons, de l'amour, de la mort, qui vient à nous du fond des âges, porté essentiellement par la culture paysanne, et qui fait partie intégrante de notre vie. Ce « Testament », dont il ne reste que quelques débris, remonte à la Révélation première qu'Adam reçut au Paradis terrestre. La Théologie catholique a toujours affirmé l'existence de cette Tradition primitive, dont le paganisme a ensuite hérité, et nul plus que nous ne croit à sa nécessité vitale[59]. Mais il est bien évident que le christianisme, avec une sagesse dont l'histoire des religions donne peu d'exemples, a su garder et intégrer cette tradition païenne (ainsi la fête de Noël ou la Saint-Jean d'été).

---

[59] Cf. les chapitres IV, V, VI, de notre livre *La Charité profanée* (éd. du Cèdre) ; nouvelle édition : *Amour et Vérité*, L'Harmattan.

Toutefois, il ne faut pas oublier que cette tradition, vivante dans certaines de ses formes symboliques, est morte dans sa dimension proprement sacrée. Celtisme, Pythagorisme, Orphisme, il n'y a là que des noms, mais pas la moindre continuité vivante. On peut bien se livrer à des reconstitutions historiques, à des imitations plus ou moins folkloriques, le druidisme n'existe plus et ce n'est pas la force d'une conviction humaine qui le ressuscitera. Et qui nous dit que la *réalité* sacrée du druidisme, du pythagorisme ou de l'orphisme, n'est pas passée précisément dans le christianisme ? Platon *redivivus* ne verrait-il pas dans le christianisme la *signification véritable* de sa philosophie ?

L'existence humaine n'est pas un jeu pour intellectuel encyclopédiste, c'est une terrible réalité affrontée inéluctablement à la mort. Qui nous sauvera, sinon Celui qui a les paroles de la Vie éternelle.

Octobre 1979

ଛ

Plutarque a consacré un livre au bouleversement que fut pour la religion antique la fin des communications oraculaires : *Sur la Disparition des Oracles*[60]. Il y fait dialoguer deux lettrés dont le plus âgé, Philippe, raconte un événement mystérieux, selon le récit que lui en fit un témoin, Épithernès, compatriote et professeur de lettres de Philippe[61]. Épithernès s'était embarqué avec beaucoup d'autres passagers sur un navire marchand pour gagner l'Italie par mer. Il arriva qu'un soir, au large de l'île de Praxos, en mer Ionienne, le vent tomba soudain, et une voix se fit entendre, appelant Thamous ! Thamous ! Celui-ci, un pilote égyptien, ne répondit qu'au troisième appel de son nom. S'enflant alors fortement, la voix clama : quand tu seras à la hauteur de Palodès, annonce que le *Grand Pan* est mort. Tous furent glacés d'effroi » (pp. 114-115).

---

[60] Texte grec et traduction annotée de Robert Flacelière, *Les Belles Lettres*, Annales de l'Université de Lyon, 1947.
[61] *Ibid*. 17.

Ce récit, dont l'authenticité, vu les indications de Plutarque, n'est pas douteuse, suscita de nombreuses interrogations dans la littérature ultérieure. Nous croyons, avec Eusèbe de Césarée (*Préparation évangélique*, V, 17) pouvoir le mettre en rapport chronologique avec ce que S. Luc, au début du chapitre III de son Évangile, nous dit des circonstances qui ont entouré la première prédication de Jean-Baptiste et le baptême du Christ où est révélée publiquement sa nature divine.

Il le fait en une phrase d'une majestueuse ampleur et avec un souci de précisions historiques et géographiques unique dans les évangiles ; « En l'an quinze du gouvernement de Tibère César… » – suivent alors les sept noms, chiffre parfait, des autorités civiles ou religieuses qui régissent les contrées réparties autour du lieu où Jean inaugure l'annonce de son message et baptise Jésus. Parmi ces noms se trouve celui de Philippe Hérode, fils de Cléopâtre, « juif détaché du judaïsme et fortement influencé par les idées gréco-romaines au point de faire construire un temple *au dieu Pan et de faire graver l'image du dieu sur ses monnaies* »[62]. Curieuse rencontre du texte de Luc avec celui de Plutarque. À souligner également que des districts – juifs et païens – que gouverne Philippe Hérode, Luc ne mentionne, significativement, que les *districts païens* – la Parole de Dieu est aussi pour les païens.

S'agit-il d'ailleurs, à proprement parler, chez Plutarque, du dieu Pan ? En fait, l'expression « le Grand Pan » (*Pan o mégas*) est inusitée en grec. Le dieu Pan y est toujours nommé sans épithète. Il s'agit donc, non du dieu proprement désigné, mais de la figure mythologique qui synthétise toute la conception « païenne », polythéique et sacrée, de la nature. Enfin, si l'appel de Thamous a pu se produire autour des années 25 à 30 de notre ère – Tibère, qui meurt en 37, y est donné par Plutarque comme assez âgé –, le baptême du Christ est à situer durant cette même période – selon S. Luc, le Christ a alors trente ans accompli.

---

[62] *La Sainte Bible*, dite de « Pirot-Clamer, t. X, 1935, p. 54.

Ainsi peut-on conclure, sans invraisemblance, que, par la voix sur la mer et son cri déchirant, c'est le paganisme lui-même qui annonce sa disparition. Dès lors, le régime spirituel de l'histoire humaine est ouvert au Dieu de la Surnature, à Celui qui est infiniment plus Grand que le Tout et infiniment plus Petit que le Rien. Il accède enfin librement au sens divin de la création, affranchi d'un panthéisme aveugle et indéfini.

Février 2017.

CHAPITRE XX

Monothéisme, polythéisme, paganisme

La question du polythéisme est aujourd'hui souvent évoquée, avec l'intention de souligner sa valeur à l'encontre d'un monothéisme millénairement dominant en Europe et dénoncé comme le principal responsable du despotisme politique et religieux. Un Dieu, un pape, un roi : le monarque du Ciel exige le monarque de la Terre. Tandis que le polythéisme nous permet de retrouver l'enchantement du monde que le christianisme a aboli, et la joie de vivre sous un Ciel multiple et dansant. Qui sait ? Le polythéisme pourrait même peut-être constituer l'ultime chance pour un « théisme » à l'agonie.

Nous n'entrerons pas dans un débat où les arguments sont quelque peu sollicités, et qui exigerait une enquête d'une ampleur démesurée ; il faudrait, en effet, prendre en compte non seulement le panthéon gréco-latin, celui de l'Inde – le plus riche et le mieux organisé –, celui de la Chine et du Japon, le panthéon foisonnant et mal connu de l'Afrique, bref celui de toutes les religions du monde, ainsi que le rapport de tous ces panthéons avec les systèmes politiques et sociaux auxquels ils sont associés. C'est évidemment impossible. Nous nous en tiendrons au dossier « européen », faisant observer que le polythéisme présente aussi des aspects pour le moins négatifs. Si séduisant qu'il paraisse aux yeux d'intellectuels modernes dépourvus de tout enracinement religieux, on ne peut ignorer qu'il soumet les hommes au despotisme de dieux capricieux et totalement indifférents à leur sort – ce que résume l'expression de « *fatum* antique », soumission dont les a délivrés la foi en un Dieu unique et tout puissant, qui, par amour, fait alliance avec tous les peuples du monde. Et comment oublier qu'au XXᵉ siècle, la réanimation d'un paganisme à l'état larvaire, liée à la reconstruction artificielle d'un polythéisme folklorique, a produit en Allemagne, et dans *l'ethnologisme* de *la science* allemande – sous la dictature idéologique de la sociobiologie darwinienne –[63], des fruits délirants et monstrueux. Le siècle dernier a pu ainsi faire l'expérience de l'horreur absolue ; les bienfaits du pagano-polythéisme ne sont pas toujours très évidents.

Nous prenons ici « polythéisme » en un sens assez large. Des distinctions s'imposeraient. Ainsi Max Muller, historien allemand des religions orientales, a proposé le terme d'« hénothéisme » pour désigner les religions polythéistes dont le panthéon est hiérarchisé et qui admettent un Principe suprême au-dessus de tous les dieux. De même Loisy avait proposé le terme de « monolâtrie » pour caractériser le culte rendu à un seul dieu de préférence aux autres. En réalité le développement accru de la science des religions et la prise en compte des innombrables données qu'elle enregistre défient toutes les tentatives de classification ; d'où les variations d'un vocabulaire en constante révision et l'abandon presque général des théories sur l'évolution universelle du phénomène religieux.

Le simple examen de quelques dictionnaires français de la langue va nous permettre maintenant d'observer dans notre culture des variations auxquelles on ne pense généralement pas. On imagine aisément qu'en Europe, étant donné la domination du christianisme, le terme de polythéisme a dû apparaître après celui de monothéisme, comme son antonyme, à partir du moment où, pense-t-on, la domination du christianisme a été moins forte, et où la culture européenne a pris une conscience plus vive de l'existence des civilisations extra-européennes de l'Asie, de l'Afrique et de l'Amérique. C'est bien à cette époque, en effet, c'est-à-dire au XVIᵉ siècle, qu'apparaît « polythéisme », mais non comme l'antonyme de « monothéisme » qui n'existe pas encore. Pourtant l'Antiquité gréco-romaine offrait à la réflexion des chrétiens le cas de religions aux dieux

---

[63] Cf. A. Pichot, *De Darwin à Hitler*.

multiples, directement confrontés dans les Écritures à l'existence d'un Dieu unique. Cette confrontation s'est vigoureusement exprimée durant mille cinq cents ans dans la pensée chrétienne sans donner naissance à des termes susceptibles de les identifier conceptuellement. Pour les juifs et les chrétiens, c'est le terme de « païen » qui leur permet de formuler l'opposition qui les distingue des « hérétiques ». « Païens », dérive du latin *pagani* (paysans, villageois). La notion en est rendue en hébreu par *gôyim*, que la version grecque de l'Ancien Testament, œuvre des Juifs d'Alexandrie (IIIe siècle avant Jésus-Christ), rendra par « *éthnè* », les « nations », ce que les Latins traduiront par *gentes*, la « gentilité ». C'est pourquoi le terme de « paganisme » suffira pendant longtemps à désigner ce que signifiera le terme de « polythéisme ». « Paganisme » est attesté en 1546, alors que « polythéisme » n'est signalé qu'en 1580. Cet usage durera jusqu'au début du XIXe siècle, tant il est clair que, pour la communauté chrétienne, ce sont les manifestations du comportement religieux qui importent, ce ne sont pas les conceptions abstraites des diverses « théologies ». La synonymie des deux termes s'atteste jusqu'à la fin du XVIIIe siècle. Ainsi, le savant abbé Bergier écrit dans sa *Théologie*[64] : « polythéisme, idolâtrie, paganisme sont devenus des termes synonymes »[65]. Significativement, à « polythéisme », Bergier renvoie à « paganisme » auquel il consacre un long article (pp. 60-78). C'est donc la Renaissance qui provoque l'apparition de « polythéisme », après celle de « paganisme », à une époque où le christianisme cesse d'être regardé automatiquement comme l'unique religion, et où l'Europe se croit autorisée à le considérer comme une religion parmi d'autres.

Mais il faut attendre le XIXe siècle pour qu'apparaisse (1834) le terme de « monothéisme ». Ainsi, le *dictionnaire philosophique et portatif* de Voltaire (1764) ignore « monothéisme », mais connaît

---

[64] Qui fait partie de *l'Encyclopédie méthodique*, chez Panckouck à Paris, 1790.
[65] T. III, p. 61 de l'édition originale de cet ouvrage qui connut au XIXe siècle plusieurs rééditions.

« polythéisme » qu'il mentionne à l'article « Religion ». Même remarque pour un dictionnaire « courant », tel que le *Nouveau Vocabulaire Français* de MM. De Wailly[66] qui suit d'ailleurs le *Dictionnaire de l'Académie*, (5ᵉ édition, 1798). Ce *Vocabulaire* ne contient pas encore « monothéisme », mais donne la définition de « paganisme ». Quelques années plus tard, chez Auguste Comte, « monothéisme » est devenu terme philosophique. Comte l'insère dans sa théorie de l'évolution religieuse de l'humanité, laquelle a passé, selon lui, par trois phases successives ; le fétichisme (œuvre du sentiment), le polythéisme, (œuvre de l'imagination), le monothéisme (œuvre de la raison)[67]. Cette conception progressiste et évolutionniste de l'histoire des religions – non compris le fétichisme – se lit d'abord chez David Hume qui l'expose dans son *Histoire naturelle de la Religion* (1757). Plus ou moins abandonnée aujourd'hui quant à sa précision formelle, l'hypothèse d'un « polythéisme primitif », s'est heurtée aux critiques savantes du P. Wilhelm Schmidt qui, dans un ouvrage monumental, *Der Ursprung der Gottesidee* (12 volumes entre 1926 et 1935), s'est attaché à relever les traces d'un monothéisme originel, lié à une Révélation primitive, en accord avec la Bible. La science actuelle reconnaît la grande richesse des données fournies par W. Schmidt, mais reste sceptique quant à la valeur de son argumentation. Au demeurant, comme nous l'avons souligné, l'extrême variété des phénomènes religieux déroute presque toujours nos catégorisations, serait-ce précisément celles du polythéisme et du monothéisme.

Reste que, dans l'ordre des manifestations historiques, il est impossible de trouver quelque chose d'aussi fermement monothéiste que la tradition abrahamique. C'est là une donnée de fait, qu'on s'en désole ou qu'on s'en réjouisse. Elle représente une véritable exception dans l'ensemble des religions du monde.

Ce monothéisme cependant, n'exclut pas une sorte de « polythéisme secondaire ». Rappelons que les premiers mots de la Bible

---

[66] À Paris, Rémond Libraire, 4ᵉ édition, 1809.
[67] *Système de politique positive*, (II, 7, 1851).

(Genèse I, 1) disent littéralement : « Dans le Principe les dieux (*Élohim* est un pluriel) créa (le verbe est au singulier) les Cieux et la Terre ». Toutefois, *Elohim* étant associé (au chapitre II) au Tétragramme *YHWH*, il désigne bien le Principe de la création dans son unicité : (comme au verset I). Mais le même terme (*elohim*, « les dieux »), peut aussi désigner, soit peut-être les énergies divines, soit plutôt les anges ; c'est le cas en Genèse III, 5 ; « vous serez comme des *elohim* ». Il n'est donc pas impossible de voir dans l'angélologie des traditions abrahamiques une sorte d'équivalent du polythéisme des autres religions. Le culte des saints, dans le christianisme, remplit à certains égards une fonction analogue. De même en islam qui a particulièrement développé ce culte, tout en radicalisant plus fortement qu'aucune autre religion le monothéisme abrahamique. Notons, d'ailleurs, à ce propos, que la radicalisation formelle du concept de l'unicité divine, l'a privé de la signification informelle que lui conférait le dogme, rejeté par l'islam, du mystère trinitaire. D'où un comportement religieux qui s'expose à anéantir la vérité de l'Un sous la violence de son attestation *humaine*.

Si maintenant, et pour conclure, nous laissons de côté les données empiriques recueillies par l'histoire des religions et regardons les choses d'un point de vue strictement théologique et métaphysique, donc « dogmatique », il apparaît clairement qu'il ne saurait y avoir, au niveau des manifestations religieuses exotériques et collectives, de débat entre monothéisme abrahamique et polythéisme – si polythéisme il y a –, pour la simple raison qu'il ne s'agit pas du même « théisme ».

Le « théisme » abrahamique est tourné vers l'Être absolu, éternel et infini, tout-puissant et transcendant à toute réalité créée. Selon les exigences de la simple raison, cet Être, à l'existence duquel adhèrent en principe plus de quatre milliards d'êtres humains, n'est pas du même *ordre* que les entités célestes auxquelles s'adresse le polythéisme.

La seule opposition pertinente serait ici celle de l'abrahamisme et du paganisme, en tant que « paganisme » signifie concrètement un culte religieux voué aux êtres célestes et la soumission à leur pouvoir changeant et arbitraire.

Dans la conscience religieuse des Fils d'Abraham, l'Être-Dieu se situe à un niveau métaphysique dont le polythéisme gréco-romain n'avait aucune idée. Quant à l'indigence *théologique* de la mythologie, les païens Platon et Aristote n'étaient pas d'un avis différent, n'en déplaise aux modernes nostalgiques du paganisme. C'est l'unicité du Dieu tout-puissant qui nous donne la possibilité de célébrer l'enchantement du monde et la présence de Dieu dans toute la création, en dehors de tout asservissement à des êtres cosmiques. L'Écriture appelle cela « la glorieuse liberté des enfants de Dieu ».

Février-mars 2017

TABLES DES MATIÈRES

1ère Partie	**La Tradition mise en question**	9
I	Les causalités négatives	11
II	La tradition dans son principe	17
III	La tradition… ou la mort	21
IV	La tradition nous verticalise	27
V	Note sur tradition et répétition	29
VI	Le primitif et le traditionnel	31
2e Partie	**La modernité au regard de la philosophie**	37
VII	Y a-t-il un savoir philosophique ?	39
VIII	Épiménide ou l'entrée en philosophie	49
IX	Dialogue et dialectique	55
X	Brèves remarques sur la culture	71
XI	L'homme : nature et personne	75
XII	Aperçu historique sur le terme de personne	85
XIII	Révolte et morale	91
XIV	Descartes ou le monde « ustensile »	101
XV	La leçon des choses	107
XVI	De la logique pédagomaniaque	111
Annexe au chapitre XVI : Latin et sens culturel		141
XVII	L'idée de progrès	147
XVIII	De Hegel à Croce : l'historicisme absolu	163
XIX	À propos de la droite néo-païenne, ou le « Grand Pan est mort ! »	173
XX	Monothéisme, polythéisme, paganisme	193

COLLECTION THÉÔRIA
DIRIGÉE PAR PIERRE-MARIE SIGAUD
AVEC LA COLLABORATION DE BRUNO BÉRARD

OUVRAGES PARUS :

Jean BORELLA, *Problèmes de gnose*, 2007.
Wolfgang SMITH, *Sagesse de la cosmologie ancienne – Les cosmologies traditionnelles face à la science contemporaine*, 2008.
Françoise BONARDEL, *Bouddhisme et philosophie – En quête d'une sagesse commune*, 2008.
Jean BORELLA, *La crise du symbolisme religieux*, 2008.
Jean BIÈS, *Vie spirituelle et modernité*, 2008.
David LUCAS, *Crise des valeurs éducatives et postmodernité*, 2009.
Kostas MAVRAKIS, *De quoi Badiou est-il le nom ? Pour en finir avec le (XXe) siècle*, 2009.
Reza SHAH-KAZEMI, *Shankara, Ibn 'Arabî et Maître Eckhart – La voie de la Transcendance*, 2010.
Marco PALLIS, *La Voie et la Montagne – Quête spirituelle et bouddhisme tibétain*, 2010.
Jean HANI, *La royauté sacrée – Du pharaon au roi très chrétien*, 2010.
Frithjof SCHUON, *Avoir un centre*, 2010.
Patrick RINGGENBERG, *Diversité et unité des religions chez René Guénon et Frithjof Schuon*, 2010.
Kenryo KANAMATSU, *Le Naturel – Un classique du bouddhisme Shin*, 2011.
Frithjof SCHUON, *Les Stations de la Sagesse*, 2011.
Jean BORELLA, *Amour et Vérité – La voie chrétienne de la charité*, 2011.
Patrick RINGGENBERG, *Les théories de l'art dans la pensée traditionnelle – Guénon, Coomaraswamy, Schuon, Burckhardt*, 2011
Jean HANI, *La Divine Liturgie*, 2011.
Swami Śrī KARAPATRA, *La lampe de la Connaissance non-duelle*, suivi de *La crème de la Libération*, attribué à **Swami TANDAVARYA**, suivis d'un inédit, *La Connaissance du soi et le chercheur occidental* de **Frithjof SCHUON**, 2011.
Paul BALLANFAT, *Messianisme et S.eté – Les poèmes du mystique ottoman Niyâzî Mısrî, (1618-1694)*, 2012.
Frithjof SCHUON, *Forme et substance dans les religions*, 2012.
Jean BORELLA, *Penser l'analogie*, 2012.
Jean BORELLA, *Le sens du surnaturel*, 2012.
Paul BALLANFAT, *Unité et spiritualité – Le courant Melamî-Hamzevî dans l'Empire ottoman*, 2013.
Michel D'URANCE & Guillaume DE TANOÜARN, *Dieu ou l'éthique – Dialogue sur l'essentiel*, 2013.
LE ŚRIMAD BHĀGAVATAM – LA SAGESSE DE DIEU, résumé et traduit du sanskrit par Swāmi Prabhavānanda, traduit de l'anglais par Ghislain Chetan, 2013.

Frithjof SCHUON, *De l'unité transcendante des religions*, 2014.
Gilbert DURAND, *La foi du cordonnier*, 2014.
Robert BOLTON, *Les âges de l'humanité – Essai sur l'histoire du monde et la fin des temps*, traduit de l'anglais par Jean-Claude Perret, 2014.
Mahmut EROL KILIÇ, *Le soufi et la poésie – Poétique de la poésie soufie ottomane*, traduit du turc par Paul Ballanfat, 2015.
John PARASKEVOPOULOS, *L'appel de l'Infini – La voie du bouddhisme Shin*, traduit de l'anglais par Ghislain Chetan, préface de Patrick Laude, 2015.
Jean BORELLA, *Aux sources bibliques de la métaphysique*, 2015.
Frithjof SCHUON, *Christianisme/Islam – Visions d'œcuménisme ésotérique*, 2015.
Frithjof SCHUON, *De tout Cœur et en l'Esprit – Choix de lettres d'un Maître spirituel*, traduit de l'allemand par Ghislain Chetan, 2015.
Jean BORELLA, *Lumières de la théologie mystique*, 2015.
Jean BORELLA, *Histoire et théorie du symbole*, 2015.
Patrick LAUDE, *Apocalypse des religions – Pathologies et dévoilements de la conscience religieuse contemporaine*, 2016.
Jean BORELLA, *Marxisme et sens chrétien de l'histoire*, 2016.
Hari Prasad SHASTRI, *Échos spirituels du Japon – L'esprit et les formes du Japon traditionnel*, traduit de l'anglais par Patrick Laude, 2016
Frithjof SCHUON, *Regards sur les mondes anciens*, 2016.
Victoria CIRLOT, *Hildegarde de Bingen et la tradition visionnaire de l'Occident*, traduit de l'espagnol par Sébastien Galland et Juan Lorente, 2016.
John PARASKEVOPOULOS, *Le parfum de la Lumière – Une Anthologie de la sagesse bouddhiste*, traduit de l'anglais par Ghislain Chetan, 2017
Jean BORELLA, *Ésotérisme guénonien et Mystère chrétien*, 2017.
Frithjof SCHUON, *L'Œil du Cœur*, 2017.
Luc-Olivier D'ALGANGE, *Le déchiffrement du monde – La gnose poétique d'Ernst Jünger*, 2017.
Louis S.-MARTIN, *Sagesse de l'astrologie traditionnelle – Essai sur la nature et les fondements de l'astrologie*, 2018.
Jean BORELLA, *Sur les chemins de l'Esprit – Itinéraire d'un philosophe chrétien*, 2018.
Jean BORELLA, *L'intelligence et la foi*, 2018.
Jean-Pierre LAURANT, *Guénon au combat – Des réseaux en mal d'institutions*, 2019.
Jacques VIRET, *Le retour d'Orphée – L'harmonie dans la musique, le cosmos et l'homme*, 2019.
Jean BORELLA, *Le sens perdu de l'Écriture – Exégèse et herméneutique*, 2019.
Svāmī SATCIDĀNANDENDRA SARASVATĪ, *Doctrine et méthode de l'Advaita Vedānta*, édité par Gian Giuseppe Filippi et traduit par Alessandra Tamanti, 2020.
Yûnus EMRE, *L'Amour de la Poésie – Les poèmes spirituels de Yûnus Emre (1240-1320)*, traduction de Paul Ballanfat, 2020.
Paul BALLANFAT, *Poésie en ruines – La pensée et la poétique de Yûnus Emre*, 2020.
Frithjof SCHUON, *Racines de la condition humaine*, 2020.

Luc-Olivier D'ALGANGE, *L'Âme secrète de l'Europe – Œuvres, mythologies, cités emblématiques*, 2020.
Jean BORELLA, *René Guénon et le guénonisme – Enjeux et questionnements*, 2020.
Michaël RABIER, *Nicolás Gómez Dávila, penseur de l'antimodernité – Vie, œuvre et philosophie*, préface de Stephen Launay, 2020.
Swami KEDARNATH, *Introduction à la philosophie indienne de la connaissance de l'Absolu selon Śrī Mā Ānandamayī*, traduction de Ghislain Chetan, préface de Richard Lannoy, 2021.
Frithjof SCHUON, *Images de l'Esprit – Shinto, Bouddhisme, Yoga*, 2021.
Michel MICHEL, *Le recours à la Tradition – La Modernité : des idées chrétiennes devenue folles*, préface de Fabrice Hadjadj, 2021.
Michel DOUSSE, *La figure d'Abraham dans la Bible et le Coran*, préface de Pierre Lory, 2021.
Frithjof SCHUON, *Sur les traces de la religion pérenne*, 2022.
Ananda K. COOMARASWAMY, *Essais métaphysiques*, choisis et traduits par Max Dardevet, 2022.
Luc-Olivier d'ALGANGE & Philippe BARTHELET, *Terre lucide – Entretiens sur les météores et les signes des temps*, 2022.
Frithjof SCHUON, *Résumé de métaphysique intégrale*, 2022.
Jean BORELLA, *Situation du catholicisme aujourd'hui – Entre résistance et dissolution*, 2023.
Frithjof SCHUON, *Sentiers de gnose* (réédition*)*, 2023.
Grégoire QUEVREUX, *Dieu en Procès*, 2023.
Frithjof SCHUON, *En route vers l'autre rive – La vieillesse, la mort et les états posthumes*, extraits de livres, de lettres et de poésies, compilés par Ghislain Chetan, 2023.
Luc-Olivier d'ALGANGE, *Propos réfractaires*, nouvelle édition, revue et augmentée, 2023.
Jordi QUINGLES, *La Perse et les origines du soufisme*, édition revue, corrigée et traduite de l'espagnol par l'auteur, 2023.

Structures éditoriales du groupe L'Harmattan

L'Harmattan Italie
Via degli Artisti, 15
10124 Torino
harmattan.italia@gmail.com

L'Harmattan Hongrie
Kossuth l. u. 14-16.
1053 Budapest
harmattan@harmattan.hu

L'Harmattan Sénégal
10 VDN en face Mermoz
BP 45034 Dakar-Fann
senharmattan@gmail.com

L'Harmattan Congo
219, avenue Nelson Mandela
BP 2874 Brazzaville
harmattan.congo@yahoo.fr

L'Harmattan Cameroun
TSINGA/FECAFOOT
BP 11486 Yaoundé
inkoukam@gmail.com

L'Harmattan Mali
ACI 2000 - Immeuble Mgr Jean Marie Cisse
Bureau 10
BP 145 Bamako-Mali
mali@harmattan.fr

L'Harmattan Burkina Faso
Achille Somé – tengnule@hotmail.fr

L'Harmattan Togo
Djidjole – Lomé
Maison Amela
face EPP BATOME
ddamela@aol.com

L'Harmattan Guinée
Almamya, rue KA 028 OKB Agency
BP 3470 Conakry
harmattanguinee@yahoo.fr

L'Harmattan Côte d'Ivoire
Résidence Karl – Cité des Arts
Abidjan-Cocody
03 BP 1588 Abidjan
espace_harmattan.ci@hotmail.fr

L'Harmattan RDC
185, avenue Nyangwe
Commune de Lingwala – Kinshasa
matangilamusadila@yahoo.fr

Nos librairies en France

Librairie internationale
16, rue des Écoles
75005 Paris
librairie.internationale@harmattan.fr
01 40 46 79 11
www.librairieharmattan.com

Librairie des savoirs
21, rue des Écoles
75005 Paris
librairie.sh@harmattan.fr
01 46 34 13 71
www.librairieharmattansh.com

Librairie Le Lucernaire
53, rue Notre-Dame-des-Champs
75006 Paris
librairie@lucernaire.fr
01 42 22 67 13

www.ingramcontent.com/pod-product-compliance
Lightning Source LLC
LaVergne TN
LVHW010258260326
834688LV00044B/1349